PNL noire

Maîtriser l'art de la programmation neuro-linguistique pour reprendre sa vie en main, obtenir ce que l'on désire ou prendre l'ascendant sur n'importe qui

Emory Green

TABLE DES MATIÈRES

INTRODUCTION

Avez-vous déjà été dans une situation où vous vous êtes senti manipulé ou influencé pour agir, vous comporter ou penser d'une manière spécifique pour des raisons autres que les vôtres ? Peut-être vos amis populaires vous ont-ils persuadé de faire quelque chose avec lequel vous n'étiez pas entièrement d'accord ? Le préposé aux échantillons à l'épicerie a-t-il déjà essayé de vous convaincre d'acheter les aliments qu'il vous proposait de goûter ? Ou encore, que se passe-t-il si un soi-disant employé des services publics essaie de vous persuader d'acheter ses services à un tarif plus avantageux, même si vous n'en avez pas besoin au départ ? Qu'ont-ils fait pour vous convaincre ? Avez-vous consenti ? Étiez-vous même *conscient d'*avoir consenti ?

En réalité, il existe des personnes très persuasives et manipulatrices qui parviennent à utiliser la PNL à leur avantage. Un bon exemple de personnes qui utilisent la PNL avec succès sont les vendeurs ; un représentant d'une compagnie de câble qui vous aurait persuadé d'acheter plus de services dont vous n'aviez pas vraiment besoin. Si le concept de la PNL vous inquiète, si vous vous demandez comment elle fonctionne ou si vous êtes curieux de savoir pourquoi les gens s'intéressent à l'exploitation de son pouvoir, vous êtes au bon endroit. La PNL peut changer votre vie lorsque vous la mettez en pratique, et pour qu'il en soit ainsi, vous devriez explorer les potentiels, les vérités et les controverses des techniques PNL les plus puissantes. Ces techniques sont connues pour transformer des vies, des décisions et la façon dont les gens pensent.

La PNL, une fois maîtrisée, trace une feuille de route dans votre esprit qui peut le modifier pour vous aider à atteindre vos objectifs. Il est essentiel d'accéder à la capacité de contrôler votre esprit et celui des autres pour obtenir des résultats favorables, tout en alignant votre programmation et vos croyances sur le succès. Une fois que vous aurez compris votre propre concept de contrôle et que vous saurez comment appliquer ces puissantes techniques de PNL pour vos propres gains sans culpabilité ni croyances limitatives, vous serez sur la voie de la vie dont vous avez toujours rêvé !

Depuis des dizaines d'années que je travaille dans le domaine de la psychologie des affaires, j'ai observé des modèles de mentalité des plus intelligents et des plus rusés qui n'acceptaient pas le non comme réponse lorsqu'il s'agissait de gagner des affaires et la vie. J'ai été témoin de grands accords d'entreprise entre des dirigeants à la recherche de résultats favorables pour leurs affaires et leur carrière. En tant que psychologue d'entreprise qui établit des feuilles de route pour le succès des personnes, des campagnes politiques et des entreprises, j'applaudis ces personnes à chaque fois. Il est vrai que certains sont prêts à tout pour réussir. C'est pourquoi, plus que la normale, la psychologie des bonnes motivations et du but est nécessaire pour réussir sa vie, ses objectifs et ses entreprises. Je suis également passionné par l'étude du côté moins exploré de la victoire, qui comprend des techniques de manipulation plus sombres, bien que très influentes, pour persuader et toujours obtenir ce que l'on veut.

Cependant, ce livre n'affirme pas ce qui est bien et ce qui est mal ; au contraire, il vous donnera des indications utiles sur le pouvoir et le potentiel de la PNL, afin que vous puissiez l'utiliser efficacement dans votre vie, quelle que soit la manière dont vous envisagez de l'utiliser. Une chose est sûre : les connaissances que vous allez acquérir sur la PNL ne sont pas limitées et visent à aligner vos actions sur les méthodes et techniques connues en psychologie. Cela vous aidera à analyser les gens, à contrôler les situations et à éviter d'être contrôlé par ces mêmes tactiques. Donc, si vous pensez que quelqu'un joue avec votre esprit ou que vous avez tendance à fréquenter des personnes susceptibles de manipuler votre esprit, vous serez certainement mieux équipé après avoir lu ce livre.

Les gens sont impressionnés par les nombreuses situations gagnant-gagnant, les opportunités et les accords commerciaux qui peuvent se produire sans savoir s'ils ont été scellés et sécurisés par des techniques utilisées en PNL. Vous êtes sur le point d'apprendre ces techniques aujourd'hui. J'espère que vous obtiendrez également votre propre changement positif dans la vie après avoir lu ce livre et que vous obtiendrez les résultats que vous souhaitez vraiment dans n'importe quelle situation.

Les sujets et les connaissances abordés dans ce livre sont présentés de manière exhaustive et orientés vers les domaines dans lesquels ces techniques sont considérées comme ayant le meilleur potentiel de réussite. Ce livre est également écrit sans jugement envers ses lecteurs. Respectons pleinement notre capacité humaine à comprendre les vulnérabilités, les flexibilités, les diverses perspectives et les mentalités humaines. En outre, ce livre ne couvre pas les sujets habituels de la PNL, mais les techniques controversées, bien que les plus puissantes, qui ont historiquement trouvé le succès.

Beaucoup d'entre nous ne le savent peut-être pas, mais les techniques de la PNL sont largement utilisées pour influencer les perceptions, les mentalités et les décisions des gens. Elles sont pratiquement omniprésentes dans la vente, les affaires, le lieu de travail, la gestion, le leadership, la politique et même dans les relations sérieuses. En savoir peu à ce sujet équivaut presque à devenir une victime éventuelle du pouvoir qui tombe entre de mauvaises mains. Vous avez le choix entre être contrôlé et avoir le contrôle de chaque situation dans laquelle vous vous trouvez. Il est temps de prendre le pouvoir entre vos mains !

Plus de gens devraient être bien lus, bien conscients et bien informés du pouvoir potentiel de la psychologie, et plus que les manipulateurs enclins à l'utiliser de manière déviante et avec des vues déséquilibrées. La connaissance est la *clé* ! Si vous voulez créer une expérience gagnant-gagnant pour tout le monde, alors vous devriez être le détenteur légitime de ce pouvoir maintenant. Lisez ce livre et utilisez toutes les informations qu'il contient pour créer le monde que vous souhaitez pour vous et tous ceux qui le composent.

Vous appréciez ce livre jusqu'à présent ? N'oubliez pas de vous rendre au bas de ce livre pour découvrir une ressource gratuite de taille réduite, mais précieuse, sur l'hypnose conversationnelle. Ce mini-livre

électronique est le moyen le plus simple d'apprendre à devenir un hypnotiseur conversationnel efficace. Vous êtes curieux de voir les bénéfices
que cela peut apporter à vos conversations quotidiennes ? Obtenez votre
exemplaire dès maintenant ! Cette ressource gratuite n'est disponible que
pour une durée limitée.

Les mystères de la PNL

La PNL aujourd'hui

La **PNL**, ou **programmation neurolinguistique**, a évolué au fil du temps, car de plus en plus de personnes sont témoins de son application dans diverses situations de la vie, qu'elles soient professionnelles, familiales, sociales ou personnelles. La PNL, en tant que science évolutive, peut être utile car elle permet de modifier les pensées, les associations, les comportements et même les émotions des personnes. La PNL peut finalement changer la vie d'une personne, grâce au pouvoir de suggestion, d'influence et de persuasion des techniques utilisées pour l'aider à trouver des façons plus bénéfiques de penser et d'agir. En bref, la PNL peut s'avérer pratique et avantageuse dans n'importe quelle situation, aussi difficile ou difficile soit-elle.

La PNL interprétée

La PNL se compose principalement de trois éléments importants : l'esprit ou le cerveau ; le langage, y compris le verbal et le non-verbal ; et la programmation individuelle. La première partie de la PNL - l'**esprit** ou le **cerveau - suggère** comment différents états d'esprit peuvent affecter le comportement et la communication d'une personne. Par exemple, si mon état d'esprit actuel est calme, je serai plus enclin à communiquer efficacement que si je suis stressé et contrarié. La façon dont je pense et je me sens peut directement affecter la manifestation extérieure de mon fonctionnement et de mon comportement.

La deuxième partie de la PNL est la **composante linguistique** ou le **langage** qu'un individu emploie pour communiquer son état d'esprit et de corps. Cependant, la plupart d'entre nous ne prêtent attention qu'aux mots prononcés plutôt qu'au langage corporel non verbal. En fait, il semblerait que la communication non verbale soit plus révélatrice de l'état d'une personne que les mots prononcés. En effet, s'il peut être facile de choisir des mots lors d'une interaction verbale, le langage corporel non verbal, comme le fait de rougir, peut être davantage une réaction involontaire qu'un choix. En d'autres termes, les réactions et les réponses ne mentent généralement pas, alors que les mots peuvent le faire.

La troisième partie de la PNL est la **programmation**. La programmation peut être décrite comme la manière habituelle d'un individu de réagir, de penser, de ressentir et de supposer. Cependant, survivre en pilote automatique n'est pas toujours bénéfique lorsqu'il s'agit de faire face efficacement à de nouveaux défis et changements. Le changement est la capacité de modifier ou de se transformer en quelque chose de différent, et c'est là que la programmation entre en jeu. En effet, en tant qu'êtres humains, nous avons la capacité de modifier nos habitudes pour qu'elles soient plus bénéfiques à nos buts et objectifs. C'est une meilleure alternative que de suivre des informations périmées qui ne servent plus à rien. La PNL peut, en effet, transformer les gens en êtres humains plus fonctionnels, grâce à l'auto-modification et à l'adaptation.

Vues modernes et controverses de la PNL

Les vues modernes de la PNL suggèrent que la programmation neurolinguistique est applicable à la fois aux entreprises et pour des raisons personnelles. Les entreprises peuvent être améliorées en utilisant intelligemment les techniques de la PNL sur leurs employés, acheteurs et investisseurs, tandis qu'un individu peut améliorer sa situation personnelle en appliquant les techniques de la PNL aux personnes de son entourage. Cependant, les controverses entourant la PNL proviennent de la croyance qu'il s'agit d'une forme de lavage de cerveau, d'hypnose et même de contrôle de l'esprit pour amener les gens à faire ce que l'on veut.

Cela peut suggérer que les gens peuvent également être des victimes inconscientes de la PNL, comme dans la modélisation, le miroir et l'ancrage. Par exemple, lorsqu'une personne compétente dans l'utilisation de la PNL reflète ou modélise votre utilisation de la linguistique et du langage, l'utilisateur de la PNL créera un sentiment de rapport et de confiance, lui permettant ainsi de diriger l'interaction en sa faveur. En outre, l'utilisation de techniques PNL, telles que l'ancrage, peut être tout aussi efficace pour modifier l'expérience subjective. En effet, lorsqu'un utilisateur compétent de la PNL utilise l'ancrage (en touchant physiquement la personne qui ne le sait pas), des états d'esprit spécifiques peuvent se manifester chez cette dernière, la convainquant d'agir à la discrétion de l'utilisateur de la PNL. Cela peut conduire à des résultats positifs ou négatifs, selon l'utilisation de la PNL dans la situation.

Fondements de la PNL

La pratique de la PNL a débuté dans les années 1970 avec ses fondements ancrés dans la psychologie, la linguistique et même la programmation informatique, par le biais de la thérapeute familiale Virginia Satir, du thérapeute Gestalt Fritz Perls et de l'hypnotiseur Milton Erickson. Elle a également été étudiée par un groupe de personnes remarquables, dont le professeur de linguistique John Grinder et l'étudiant en programmation informatique Richard Bandler. Bandler, Grinder et d'autres ont observé que, lorsque des thérapeutes comme Satir, Perls et Erickson utilisaient des modèles de communication particuliers avec leurs clients, ils obtenaient davantage de résultats que les méthodes de thérapie traditionnelles. Par exemple, lorsqu'ils utilisaient le modelage - une démonstration que le praticien PNL valorise le client par l'utilisation de prédicats similaires, comme le langage parlé - l'individu devenait plus enclin à baisser sa garde et à se laisser guider vers des résultats plus bénéfiques.

Les fondements de la PNL reposent sur la capacité à lire un individu à travers des indices verbaux et non verbaux. Les mouvements oculaires, par exemple, peuvent révéler les préférences d'une personne en matière de sentiments, de mots ou d'images lorsqu'elle apprend ou accède à des informations. Cette action permet à l'utilisateur de la PNL de jauger ou d'estimer des éléments tels que la prochaine pensée ou l'état d'esprit de la personne. En outre, les principes de soutien de la PNL comprennent l'établissement d'un rapport, une pleine conscience de ses sens, la pensée des résultats et une flexibilité pour s'adapter au changement en mettant en œuvre de nouvelles façons de faire les choses (Bundrant, 2019). L'utilisateur de la PNL peut alors influencer tout comportement associé, les pensées et même les émotions en utilisant les principes de soutien de la PNL.

Pertinence de la PNL dans le monde réel

La pertinence de la PNL dans le monde réel est qu'elle peut être utilisée pour créer des personnes performantes et des résultats qui profitent non seulement à l'individu, mais aussi à toutes les personnes qui lui sont associées, qu'il s'agisse d'employés, de collègues, d'amis ou de membres de la famille. Par exemple, les entreprises concurrentes peuvent appliquer les techniques de la PNL pour former leurs cadres et leurs superviseurs, qui apprendront ensuite à leurs employés comment réussir grâce à ces pratiques. En fait, la PNL est largement utilisée aujourd'hui parce que, les entreprises devenant plus compétitives en raison de la prévalence d'Internet, les interactions avec les clients sont de plus en plus valorisées. Les interactions avec les clients ont plus d'influence qu'un e-mail impersonnel d'un service de livraison de nourriture en ligne, par exemple. Ce sont les interactions influentes et persuasives entre une entreprise et un client qui peuvent déterminer le sort du succès de l'entreprise. Par conséquent, la pratique de la PNL peut augmenter les résultats positifs pour toutes les parties impliquées grâce au pouvoir de suggestion, de persuasion et d'influence sur l'achat d'un produit ou d'un service.

Le pouvoir de la PNL

La PNL peut changer des vies par la pratique répétée de la reprogrammation des systèmes de croyance, des schémas de pensée et des manifestations extérieures du comportement. Elle peut changer la façon dont vous voyez votre situation actuelle et comment vous réagissez et répondez à celle-ci. La PNL peut modifier l'expérience subjective de la réalité par l'individu, que ce soit pour le meilleur ou pour le pire. Plus précisément, la PNL peut influencer les gens à grande échelle grâce à la puissance des messages subliminaux et à l'injection de significations superposées par le biais de techniques PNL puissantes comme l'hypnose PNL et l'utilisation d'un langage non spécifique pour susciter l'action. Par exemple, la publicité que vous voyez tous les jours peut vous inciter à dépenser plus d'argent que vous ne le feriez habituellement, grâce à certaines des techniques secrètes de la PNL. Cela m'amène bien sûr à me demander si les individus en général se rendent compte de choses telles que le pouvoir du consumérisme, grâce à la programmation neurolinguistique. La PNL peut littéralement changer la direction de votre vie en affectant les personnes qui vous entourent à un niveau plus profond en raison de la présence prévalente de la PNL. Beaucoup de gens utilisent des techniques de la PNL sans s'en rendre compte, comme par exemple l'utilisation d'émojis dans les messageries instantanées pour maintenir une certaine ambiance dans le message.

Formation PNL

Les personnes qui suivent une formation PNL peuvent devenir de meilleurs communicateurs, plus aptes à interpréter les signaux non verbaux, et plus compétents dans la maîtrise des pensées et des sentiments. Les gens suivent également une formation PNL pour réussir, que ce soit sur le plan personnel ou professionnel. En outre, la formation PNL peut corriger des comportements peu utiles chez les individus, comme la dépendance. Elle peut également obtenir des informations des autres en permettant à l'utilisateur de communiquer efficacement grâce aux techniques PNL apprises. La formation PNL est utilisée pour une liste infinie de raisons.

Les niveaux de formation PNL comprennent le praticien PNL, le maître praticien PNL, le formateur PNL et le coach PNL, le praticien PNL étant le niveau d'instruction de base et le coach PNL le niveau de formation le plus élevé. Une fois qu'une personne a acquis avec succès un niveau de formation PNL, elle est autorisée à passer au niveau suivant de compétence PNL. La formation PNL devient successive et plus approfondie au fur et à mesure qu'elle progresse d'un niveau à l'autre.

Plus précisément, le **praticien de la PNL** commence par apprendre les bases de la PNL. En outre, le praticien PNL apprend à appliquer les techniques PNL à des situations quotidiennes. Lorsque le praticien PNL applique les techniques et outils PNL nouvellement appris à sa vie, il peut commencer à apprendre comment la PNL est utile aux autres également.

Le **Maître Praticien PNL** apprend des modèles et des techniques PNL plus avancés, plus détaillés et plus approfondis, tels que la modification des valeurs et des systèmes de croyance qui peuvent mieux s'appliquer au travail, à la famille et à la vie. En outre, le maître praticien PNL apprend également des techniques améliorées de communication, y compris la linguistique quantique, qui est un système de langage qui suggère que le système nerveux humain est alimenté par le discours personnel de l'esprit et les images visuelles créées (Miller, n.d.). En outre, le maître praticien PNL apprend également les **méta-programmes**, qui comprennent des techniques PNL de pointe comme la négociation linguistique. Suivre le cours de maître est essentiel pour changer et s'améliorer dans tous les domaines de la vie.

Le niveau suivant de la formation PNL est celui du **formateur PNL**. À ce stade, le formateur PNL doit avoir maîtrisé toutes les techniques et outils critiques et avancés de la PNL. En outre, le formateur PNL a appris à se présenter avec la plus grande confiance à son auditoire alors qu'il forme avec succès d'autres personnes à l'utilisation de compétences persuasives et influentes à grande échelle. Ces stratégies de formation comprennent la compréhension et l'analyse des processus de groupes, afin qu'ils puissent devenir des orateurs et des présentateurs influents. Une fois que le formateur PNL a maîtrisé ces techniques, il doit être capable de les présenter avec succès à un public.

Le dernier niveau de la formation PNL est celui du **coach PNL**. Le coach PNL est maintenant compétent en matière de PNL et de coaching de vie par le biais du pré-discours, de la collecte d'informations, de la transformation et de l'intégration (International Neuro-Linguistic Programming Center, n.d.). De plus, le coach PNL est flexible et peut alterner entre différents modèles et techniques PNL pendant une session de coaching. Le coach PNL est capable de diriger et de guider le client vers un résultat plus fructueux et bénéfique, ce qui est le but de la PNL.

Exploiter la puissance de la PNL

Parmi les raisons pour lesquelles les gens voudraient exploiter le pouvoir de la PNL, il y a l'autonomisation personnelle et les améliorations dans les affaires. Si un utilisateur de la PNL peut motiver les gens à penser, agir et se comporter d'une certaine manière qui s'aligne sur ses intérêts et ses objectifs, alors il peut contrôler et gérer efficacement les gens pour un gain personnel et professionnel. Cependant, un bon pourcentage d'utilisateurs de la PNL veulent aider les gens à surmonter ce qui les a gênés dans leur vie personnelle, qu'il s'agisse de dépression, de phobies ou de mauvaises habitudes. La PNL a le pouvoir de changer le cours de nos vies en reprogrammant les gens pour qu'ils deviennent des membres plus fonctionnels et efficaces de la société.

Cependant, pour exploiter la puissance de la PNL, l'individu doit non seulement maîtriser les techniques de la PNL, mais aussi se maîtriser lui-même. En d'autres termes, un praticien de la PNL ne peut pas être efficace s'il ne s'entraîne pas, car l'exploitation de la PNL nécessite plus que des mots ; elle exige une action de la part du praticien de la PNL pour une application plus crédible et efficace. Pour ce faire, le langage corporel du praticien PNL doit correspondre aux mots choisis pour transmettre le message au client ; sinon, le client sera moins susceptible de considérer le premier comme convaincant ou crédible, ce qui affectera le résultat de la pratique de la PNL. En d'autres termes, le praticien PNL doit être capable de contrôler et de manipuler sa propre personne avant d'essayer de le faire avec d'autres.

Il semblerait que l'exploitation de la puissance de la PNL ressemble beaucoup à l'exploitation des ressources naturelles d'une personne, comme l'esprit ou le corps, pour les rendre plus efficaces.

Dark NLP

Dans certains cas, les utilisateurs de la PNL emploient les techniques pour contrôler et manipuler les autres et leurs situations à l'avantage des premiers et aux dépens des seconds. Par exemple, une personne ayant des tendances narcissiques peut pénétrer dans l'esprit de sa victime en utilisant les mêmes techniques de PNL qui profitent aux gens, mais de manière plus perturbatrice et plus secrète, par exemple en feignant de s'intéresser à la victime pour obtenir son obéissance et sa soumission à un programme spécifique. En d'autres termes, la **PNL obscure** peut également être utilisée à des fins malveillantes. Entre de mauvaises mains, la PNL obscure peut potentiellement nuire à une population car ces personnes peuvent être programmées pour infliger la destruction au lieu de promouvoir des intentions et des objectifs plus utiles.

Le pouvoir de la PNL de persuader, d'influencer et de manipuler

La PNL peut persuader, influencer et manipuler les gens pour qu'ils pensent, ressentent et se comportent d'une manière non conforme à leurs intérêts. Par exemple, lorsqu'un utilisateur de la PNL prononce des mots au rythme des battements naturels du cœur de son interlocuteur (une technique de contrôle mental), l'esprit du destinataire devient plus influençable (Kumar, 2016) et, par conséquent, se laisse plus facilement influencer par la volonté des autres. Une autre technique de contrôle mental qu'ils pourraient utiliser consiste à utiliser des **"mots chauds"** plus suggestibles parce qu'ils sont liés aux sens préférés que le destinataire utilise le plus. Par exemple, des mots et des phrases tels que *"ressentir cela"*, *"entendre cela"* et *"voir cela"* peuvent induire un état d'esprit plus impressionnable.

Autres controverses et critiques sur les dangers de la PNL

L'utilisation de la PNL avec les différentes techniques de manipulation mentale mentionnées dans les sections précédentes est très controversée. L'une des critiques à l'égard de la PNL est qu'elle perturbe la tête du destinataire plus qu'elle n'améliore sa vie. Les utilisateurs de la PNL, comme Richard Bandler, se sont donné pour mission de pénétrer dans les pensées, les sentiments, les perceptions et les croyances de l'autre personne en pratiquant l'art du contrôle mental. Pourtant, les gens remettent en question son authenticité et sa validité, car la PNL a souvent été considérée comme une pseudo-science ou de la magie noire, et non comme un véritable domaine d'étude scientifique. D'autres controverses découlent du fait que, bien que la PNL puisse être considérée comme une pseudo-science, elle est toujours applicable dans la plupart des domaines de la vie, du développement professionnel au développement personnel. Ces affirmations proviennent des résultats obtenus par la PNL. Quoi qu'il en soit, la PNL est encore en pleine évolution et il reste beaucoup à découvrir.

Résumé du chapitre

Dans ce chapitre, vous avez tout appris sur la PNL, ou programmation neurolinguistique, ainsi que sur certains de ses principaux outils et techniques. Vous avez également appris de nombreuses raisons pour lesquelles les gens veulent maîtriser les techniques de la PNL et s'y former. Il est tout aussi important d'assombrir la PNL en raison de son potentiel de contrôle et de manipulation des personnes par le biais du contrôle mental. Pour vous rafraîchir la mémoire, voici quelques points clés de ce chapitre :

- La PNL est la programmation neurolinguistique. L'esprit, le langage et les habitudes de pensée, de sentiment et de comportement (programmation) peuvent modifier l'expérience subjective.
- La PNL peut être utile pour des raisons professionnelles et personnelles, étant donné le pouvoir de suggestion, de persuasion et d'influence.
- Les fondements de la PNL comprennent l'établissement d'un rapport, la pleine conscience de ses sens, la réflexion sur les résultats et la flexibilité pour s'adapter au changement.
- La pertinence de la PNL dans le monde réel est qu'elle peut être utilisée pour créer des personnes performantes et des résultats qui profitent non seulement à l'individu, mais aussi à toutes les personnes qui lui sont associées. Cela peut inclure les employés, les collègues, les amis ou la famille.
- La PNL a le pouvoir de changer des vies grâce à la pratique répétée de la reprogrammation des systèmes de croyance, des schémas de pensée et des manifestations extérieures du comportement.
- Les personnes qui suivent une formation PNL peuvent devenir de meilleurs communicateurs, plus aptes à interpréter les signaux non verbaux et à mieux maîtriser leurs propres sentiments et pensées.
- Les niveaux de formation PNL comprennent le praticien PNL, le maître praticien PNL, le formateur PNL et le coach PNL.

- Les raisons d'exploiter le pouvoir de la PNL comprennent l'auto-nomisation personnelle et l'amélioration de la réussite commerciale.
- La PNL obscure utilise des techniques pour contrôler l'esprit et manipuler l'individu et la situation à son propre avantage - aux dépens du destinataire.
- La PNL peut également persuader, influencer et manipuler les gens pour qu'ils pensent, ressentent et se comportent d'une manière qui n'est pas conforme aux intérêts du destinataire.
- La PNL n'est pas sans controverse ni critique.

Dans le chapitre suivant, vous apprendrez tout sur le franchissement des frontières dangereuses lors de l'utilisation de la PNL.

CHAPITRE DEUX

Franchir des frontières dangereuses

L'éthique de la PNL

L'utilisation de la PNL est controversée car nombre de ses techniques peuvent être secrètes et manipulatrices pour le destinataire. En effet, la plupart du temps, le destinataire n'est pas conscient d'être manipulé. Par exemple, l'utilisation de la technique du miroir pour obtenir l'assentiment, la confiance et le rapport de l'individu est discutable car elle amène l'individu à penser que l'utilisateur de la PNL lui ressemble, ce qui lui permet de baisser sa garde. Cette tactique et d'autres types de techniques PNL similaires peuvent franchir des limites dangereuses en raison de la possibilité que le destinataire soit ancré par la suite dans un état relativement nuisible ou destructeur. Un résultat encore plus effrayant et alarmant serait la possibilité que la programmation naturelle de l'individu soit reconstruite de manière non naturelle.

Qu'est-ce qui est éthique et qu'est-ce qui ne l'est pas dans l'utilisation de la PNL ?

Il est curieux de se demander si la pratique de la PNL est éthique, étant donné qu'elle a pour but d'influencer et de guider les autres à leur insu et sans dévoiler d'intentions cachées. Cela pourrait être considéré comme un acte de subterfuge, car l'utilisateur de la PNL utilise la tromperie pour atteindre son objectif. Le destinataire peut également être considéré comme étant potentiellement utilisé comme un moyen d'arriver à ses fins. Cette idée est intrinsèquement contraire à l'éthique car le destinataire est moins maître de ses facultés et de ses décisions lorsqu'il est

sous l'influence de la PNL, étant donné qu'il a été "programmé" inconsciemment.

Connaissant ces informations, les personnes qui pratiquent la PNL
devraient être prudentes dans son utilisation et son application, afin de
ne pas nuire au destinataire. Les normes et l'éthique les plus strictes doivent être appliquées, comme les médecins qui promettent de ne pas nuire
à l'individu selon le serment d'Hippocrate. Pratiquer la PNL de manière
éthique, c'est l'utiliser sans avoir l'intention de nuire, de contrôler ou de
désavantager les autres. La boussole morale de chacun, qu'elle soit professionnelle ou personnelle, doit être appliquée pour éviter de maltraiter
le destinataire. En outre, il est plus acceptable de pratiquer la PNL sur
soi-même pour améliorer sa situation que de la pratiquer sur d'autres personnes sans leur consentement ou à leur insu. Les messages subliminaux
et la programmation PNL sont partout - dans les cours d'auto-assistance,
la publicité, les affaires et même la politique.

Les impositions de la PNL sont-elles éthiques ?

La publicité, les affaires et la politique sont tristement célèbres pour
imposer leurs points de vue, leurs pensées et leurs croyances au destinataire. Cependant, une personne qui s'engage professionnellement dans la
pratique de la PNL doit éviter d'imposer ses points de vue, ses valeurs et
ses croyances personnelles à un individu influençable, car ce dernier serait plus susceptible d'adopter ou de souscrire aux points de vue du praticien PNL lorsqu'il a besoin d'un point d'ancrage pour le changement et
un territoire inconnu (InspiritiveNLP, 2008). Par exemple, lorsque mon
fils a été déployé en Afrique par les Marines pendant six mois, j'avais
besoin d'un contexte pour faire face au fait de ne pas savoir si lui ou moi
allions survivre à cette expérience. Je suis allée voir un professionnel
pour y faire face, et ce professionnel n'a pas imposé ses croyances, ses
valeurs ou ses points de vue à ma personne et, en conséquence, je me
suis sentie plus libre d'être moi-même en discutant de mes émotions liées
au déploiement de mon fils.

Cependant, le déploiement des techniques de la PNL est plus éthique si le destinataire est profondément conscient de ce qui se passe et a donné sa permission à l'avance. Cela permet au praticien PNL d'exercer son métier de manière éthique et morale, avec l'intention d'améliorer la situation du client. En raison du pouvoir qui lui est confié, le praticien PNL a la responsabilité de ne pas abuser de la confiance implicite qui lui est accordée. C'est une obligation envers le client pour le praticien PNL d'incarner l'intégrité lorsqu'il s'engage dans la pratique et l'application de la PNL avec le client. Il est clair que des valeurs et des principes moraux similaires doivent également guider la conduite du praticien PNL.

Les présupposés de la PNL

La pratique et l'application de la PNL incluent de nombreux présupposés qui aident à guider, structurer et définir cette science en évolution vers une ligne de travail plus éthiquement acceptée. Par exemple, le présupposé PNL du respect de la vision du monde ou du modèle de l'autre personne implique que le praticien PNL prenne en considération les visions du monde autres que la sienne. Chaque vision du monde ou modèle à partir duquel l'individu opère devrait être aussi valable et valide que le suivant. Il est important de prêter attention à cela car, dans certains cas, le praticien PNL peut développer ses propres idées préconçues sur le client en se basant sur cette vision du monde, ce qui n'est pas éthiquement correct ou juste pour le bénéficiaire.

En effet, il semblerait que le fait d'avoir des notions, des idées ou des présupposés préconçus puisse suggérer une inflexibilité de la part du Praticien PNL, ce qui conduit à un autre présupposé de la pratique de la PNL. Selon Goodman, lorsque les Praticiens PNL deviennent inflexibles dans leur pensée et leur communication avec le client, le rapport n'est pas aussi facile à établir avec ce dernier (2018). Le client peut même devenir résistant aux tentatives du praticien PNL de construire ce rapport. De plus, l'éthique commence à entrer dans la conversation car elle apporte une inégalité évidente dans l'équation. Elle implique que le client doit accepter toutes les communications du praticien PNL, tout en négligeant le fait que le PNL doit écouter les pensées et les idées du client. En bref, la communication et l'interaction doivent aller dans les deux sens entre le client et le praticien PNL car la relation doit établir un lien de compréhension. Malgré ce va-et-vient, les présuppositions peuvent clairement caractériser et typer ce qui peut parfois être un équilibre déjà inégal de pouvoir et d'influence.

Un autre présupposé important de la PNL est que tous les comportements ont des intentions positives parce qu'ils sont les meilleurs choix possibles à ce moment-là, compte tenu de la disponibilité des ressources. En bref, nous faisons du mieux que nous pouvons avec ce que nous avons dans un laps de temps donné. Le comportement est caractérisé comme positif car il y a toujours quelque chose d'utile à gagner (Goodman, 2018). En outre, le comportement n'est jamais fondamentalement " mauvais " pour les raisons susmentionnées ; cependant, il existe une différence entre le positif et ce qui est moralement acceptable, ainsi que ce qui est négatif par rapport à ce qui est considéré comme mauvais. Par exemple, s'il y a quelque chose d'utile à tirer de la pratique de la PNL, cela implique-t-il que la conduite du praticien PNL est toujours positive et moralement acceptable ? Il est clair qu'il y a des présupposés et des hypothèses dans la PNL qui semblent être en désaccord avec sa pratique réelle lorsque les tables sont tournées vers le praticien PNL et sa ligne de travail. Cette idée contredit la véracité de la pratique de la PNL en raison du déséquilibre de pouvoir, de persuasion et d'influence entre le praticien PNL et l'individu.

Malgré cela, le fait d'influencer l'esprit et le corps de l'autre conduit au présupposé de la PNL selon lequel l'un affectera l'autre car ils sont interconnectés. Plus précisément, lorsque nous changeons notre ligne de pensée, notre corps manifeste extérieurement ce qui se passe à l'intérieur de notre esprit. De même, la façon dont nous nous comportons peut également modifier nos sentiments et nos pensées les plus profonds. La **connexion corps-esprit** peut affecter notre expérience subjective de la réalité, ce qui est utile pour la pratique et l'application de la PNL. En effet, si le praticien PNL peut modifier l'état naturel ou la programmation d'une personne après en avoir appris davantage sur leur fonctionnement, l'esprit et le corps peuvent être plus en phase l'un avec l'autre, ce qui est bénéfique pour le client. Le praticien PNL peut également bénéficier de la connexion corps-esprit du client, car le premier peut influencer le client encore plus lorsque l'esprit et le corps de ce dernier sont synchronisés.

Voici quelques autres présupposés de la PNL (Goodman, 2018) :

- Nous sommes toujours en train de communiquer.
- Nous avons déjà toutes les ressources dont nous avons besoin, ou nous pouvons les créer ; par conséquent, il n'existe pas de personnes sans ressources. Il n'existe que des états d'esprit dépourvus de ressources.
- Le système (la personne) ayant le plus de flexibilité (choix) dans son comportement aura le plus d'influence sur le système.
- Les gens fonctionnent parfaitement.
- Acceptez la personne, changez le comportement.
- Il n'y a pas d'échec, seulement un retour d'information.
- Le choix est préférable à l'absence de choix.
- Tous les processus doivent conduire à l'intégration et à la plénitude.
- Si vous voulez comprendre, agissez.

Ces présupposés de la PNL sont très précieux pour l'application de la PNL, car ils permettent également de guider et d'orienter sa mise en œuvre dans le monde réel.

Applications de la PNL

La PNL, en tant que science évolutive, peut être utilisée à des fins diverses. L'un de ces objectifs est l'amélioration de soi pour devenir la meilleure version de soi-même. Par exemple, la PNL peut aider une personne à atteindre un état de santé optimal en la reprogrammant pour qu'elle adopte des habitudes d'exercice et d'alimentation plus saines. Des habitudes moins saines comme le tabagisme pourraient également disparaître sous l'influence persuasive du praticien PNL. Dans le cas où une personne souhaite mieux communiquer avec un être cher, il existe de nombreux cours d'auto-amélioration basés sur la PNL qu'elle peut suivre pour optimiser cette situation, parmi d'autres également.

En outre, la PNL est utilisée à des fins professionnelles et commerciales, par exemple pour enseigner comment devenir un meilleur manager, collègue ou leader grâce aux techniques de la PNL. Par exemple, un manager peut apprendre à mieux communiquer avec ses employés afin d'obtenir une meilleure productivité au travail. D'autre part, un employé pourrait améliorer son état d'esprit afin de comprendre et de travailler plus efficacement avec ses collègues. En bref, la PNL est principalement utilisée pour l'amélioration de la situation professionnelle et personnelle.

Cependant, la PNL est aussi parfois utilisée pour contrôler les gens à grande échelle par le recadrage du contenu/contexte lors de séminaires et de rassemblements. Par exemple, l'individu qui utilise la PNL sur la foule recadre la situation comme étant plus optimale qu'elle ne l'est en réalité, afin de détourner l'attention du grand groupe de personnes de son message réel, qui consiste généralement à leur laver le cerveau ou à les persuader de croire à une idéologie quelconque, comme Hare Krishna. Un autre exemple pourrait être celui d'un grand séminaire d'entreprise sur l'amélioration des relations avec les clients. Dans ce cas, l'utilisateur de la PNL peut endoctriner le groupe pour qu'il accepte sans discussion ses croyances, ses valeurs et ses perceptions. L'une des méthodes utilisées par l'utilisateur de la PNL pour y parvenir est d'induire un état de suggestibilité élevé par le biais de messages superposés et subliminaux, afin de pouvoir recadrer la situation comme plus positive ou optimale.

En termes de **sens superposé** et de **messages subliminaux**, les publicités peuvent également essayer de tromper le consommateur pour qu'il achète leurs produits ou services en utilisant certaines techniques de PNL. Par exemple, l'utilisation d'un langage vague permet à l'annonceur de tromper le consommateur en lui faisant croire qu'il a plus d'options à choisir, car le langage vague permet plus d'interprétations du message de l'annonceur (Evolution Development, 2019). Cela émane du modèle de Milton Erickson, qui utilisait volontairement un langage vague avec ses clients pour laisser plus de place à l'interprétation. C'est ce langage ambigu qui peut faire adhérer le consommateur au produit ou au service, étant donné la supposée liberté de choix présentée. Les praticiens de la PNL peuvent également présenter des choix à leurs clients par le biais d'un langage intentionnel et non spécifique.

La PNL est également utilisée en politique, notamment en période électorale, lorsque les candidats diffusent des publicités destinées aux électeurs. Certains politiciens vont même jusqu'à utiliser des **mots de transe hypnotique** afin que l'électeur soit plus susceptible de ressentir un sentiment de rapport avec le politicien. Par exemple, selon Basu, certains mots sont similaires à un effet de transe ancrée, puisqu'ils ont un impact sur nous avec une signification que nous attribuerions à travers nos pensées, nos sentiments, nos croyances et nos expériences (2015). Lorsqu'un politicien influent répète ces mots au peuple, ce dernier devient alors plus motivé qu'avant. Cela peut également affecter la populace votante en la rendant plus inconsciente des effets des manœuvres politiques.

Les sectes et les manipulateurs utilisent et abusent de la PNL

Les manipulateurs et les sectes utilisent et abusent de la PNL en supprimant le sentiment d'identité et d'autonomie d'un individu par la mise en place d'un programme non déclaré dans le but de contrôler totalement l'esprit, l'obéissance et la soumission. Ce contrôle de l'esprit peut être dangereux pour le bien-être de l'individu car penser ou agir de manière indépendante devient pratiquement impossible. Cette impossibilité découle du fait que l'on apprend à l'individu à *dépendre* des dirigeants de la secte et du groupe pour son sentiment d'identité, de signification et/ou de but. L'individu subit des conséquences néfastes car ce manque d'identité permet une manipulation et un contrôle mental plus faciles grâce à l'hypnose de masse. En d'autres termes, l'application de la PNL et d'autres techniques similaires par une secte destructrice ou un manipula-teur n'aide pas l'individu, mais lui nuit au contraire. Ces actions sont con-traires à l'éthique et dangereuses.

Il est clair qu'il est possible de franchir des limites dangereuses en pratiquant la PNL. Par exemple, le bénéficiaire peut ne plus être en me-sure de fonctionner efficacement dans la vie parce que sa réalité subjec-tive et sa conscience sont devenues moins fonctionnelles. Des mariages peuvent se briser, des pertes d'emploi peuvent survenir, et des conditions psychologiques moins qu'optimales, comme la dépression, peuvent même apparaître après un week-end avec des adeptes de la PNL. Selon Tippet, les groupes sectaires peuvent utiliser l'hypnose de masse pour provoquer un état d'esprit subjectif altéré chez l'individu en inhibant ses facultés et en induisant des réponses émotionnelles (1994). Par exemple, lorsque j'ai suivi la formation de base de l'armée, les sergents instructeurs criaient des ordres à suivre, ce qui induisait une réponse émotionnelle, tentant ainsi de briser la nouvelle recrue pour la soumettre. C'est une technique efficace qui produit l'obéissance et la soumission chez l'indi-vidu car, après avoir suivi leurs ordres pendant si longtemps, l'épuise-ment émotionnel et physique peut entraver l'acuité originale des facultés de la recrue. De telles techniques peuvent être préjudiciables au destina-taire car son individualité n'existe plus dans ces circonstances, ayant été envahie par des techniques cultuelles rappelant l'hypnose et la PNL. Par exemple, après avoir été libéré honorablement de l'armée, il m'a fallu un certain temps pour me réhabituer à la vie quotidienne.

Comme nous l'avons vu, la PNL et les techniques similaires peuvent être dangereuses non seulement pour l'individu, mais aussi pour le groupe, c'est pourquoi les techniques PNL doivent être pratiquées et ap-pliquées avec le plus grand soin et la plus grande conscience. Les prati-ciens de la PNL doivent prendre cette responsabilité à cœur, en raison de la confiance qui a été donnée et parfois suscitée chez le client. Je crois que cette citation résume parfaitement la situation :

Presque tous les hommes peuvent supporter l'adversité, mais si vous voulez tester le caractère d'un homme, donnez-lui du pouvoir.

Abraham Lincoln

Résumé du chapitre

Dans ce chapitre, vous avez appris l'éthique de la pratique de la PNL. Vous avez également appris comment les présupposés de la PNL peuvent aider à guider la pratique, tout en considérant leurs implications éthiques. De plus, vous avez appris comment la PNL a été utilisée dans d'autres domaines que l'auto-assistance. Enfin, nous avons abordé l'importance de considérer comment la PNL peut être utilisée de manière abusive par des organisations telles que les sectes. Pour vous rafraîchir la mémoire, voici quelques-uns des points clés de ce chapitre :

- Les techniques de la PNL peuvent franchir des frontières dangereuses, étant donné leur nature secrète et manipulatrice.
- Pour que la PNL reste éthique, elle doit être utilisée sans l'intention de nuire, de contrôler ou de désavantager les autres.
- Les praticiens de la PNL ne doivent pas imposer leurs valeurs, leurs perceptions et leurs croyances au client.
- Le praticien PNL a la responsabilité de ne pas abuser de la confiance implicite qui lui est accordée pendant une session.
- Les présupposés, comme le respect de l'individu, permettent de guider la pratique de la PNL. Voici quelques autres présupposés (Goodman, 2018) :
  - Il n'y a pas de clients résistants, seulement des communicateurs inflexibles.
  - L'esprit et le corps s'influencent mutuellement car ils sont liés.
  - Nous sommes toujours en train de communiquer.
  - Nous disposons déjà de toutes les ressources dont nous avons besoin, ou nous pouvons les créer ; par conséquent, il n'existe pas de personnes sans ressources, mais seulement des états d'esprit sans ressources.

o Le système (la personne) ayant le plus de flexibilité (choix) dans son/leur comportement aura le plus d'influence sur le système.

o Les gens fonctionnent parfaitement.

o Acceptez la personne, changez le comportement.

o Il n'y a pas d'échec, seulement un retour d'information.

o Le choix est préférable à l'absence de choix.

o Tous les processus doivent conduire à l'intégration et à la plénitude.

o Si vous voulez comprendre, agissez.

- La PNL est utilisée pour l'amélioration de soi, les affaires, la publicité, la politique, entre autres domaines.

- La PNL peut être utilisée de manière abusive par les manipulateurs et les sectes, qui l'utilisent pour dépasser le sentiment d'identité et d'autonomie d'un individu afin de faciliter la manipulation et le contrôle de l'esprit.

Dans le chapitre suivant, vous découvrirez les principes fondamentaux du contrôle et de la manipulation.

CHAPITRE TROIS

Contrôle et manipulation

Contrôle et manipulation interprétés

Avoir le pouvoir de diriger, de contrôler ou de manipuler habilement les pensées, les sentiments et les comportements des gens n'est pas une mince affaire. Cette manipulation peut affecter ces personnes de manière significative et pendant longtemps, selon le type, la profondeur et la direction du contrôle et de la manipulation utilisés. C'est le contrôle et la manipulation qui peuvent façonner et influencer les vies de manière optimale ou non optimale. Dans ce cas, la personne qui contrôle peut diriger et même déterminer l'expérience subjective et la réalité de la personne contrôlée. En fait, les implications du comportement extérieur, des mots et des actions du contrôleur peuvent affecter directement la personne contrôlée, en raison de l'interprétation et des réactions de cette dernière.

Dans le contexte de la PNL, le contrôle et la manipulation peuvent être assez similaires, le **contrôle** étant le pouvoir de diriger le comportement des gens, tandis que la **manipulation** est l'action de contrôler habilement quelque chose. La principale différence entre le contrôle et la manipulation est qu'avoir le pouvoir de diriger quelque chose (contrôle) n'est pas la même chose que de savoir comment le faire habilement (manipulation). Par exemple, j'ai le pouvoir de programmer mon ordinateur (contrôle) efficacement, mais je ne sais peut-être pas encore comment le faire habilement (manipulation), par manque d'expérience ou de formation. Il semble que le fait de pouvoir manipuler habilement quelque chose, comme un ordinateur, porte la réalité du contrôle à un niveau supérieur.

Avoir le contrôle et être contrôlé

De même, le fait d'être *en contrôle* par rapport au fait d'être *contrôlé* suggère également des réalités subjectives différentes. Plus précisément, le fait d'être en contrôle est un état actif par rapport au fait d'être contrôlé, qui est plus passif. Par exemple, un psychologue compétent contrôle ou dirige activement la séance de thérapie, tandis que le client permet au psychologue de le guider en tant que bénéficiaire de cette expertise. En outre, le fait d'être sous contrôle implique une certaine autonomie, ce qui n'est généralement pas le cas lorsqu'on est contrôlé. Si je laissais les choses m'arriver, je risquerais davantage d'être contrôlé par les autres ; en revanche, si j'agis, je serai davantage en mesure de contrôler ma réaction à ces événements. La différence réside dans la réponse aux stimuli, car l'individu peut réagir ou choisir d'agir à la place.

Évitez d'être contrôlé

Pour éviter d'être contrôlé par un manipulateur, il est important d'avoir un fort sentiment d'identité ou de soi. En effet, la conscience de votre identité vous permet d'être plus en phase avec vos valeurs, vos croyances et vos sentiments. Cette conscience vous permettra ensuite de vous protéger de quelqu'un qui tente de vous imposer ses croyances en utilisant des techniques de manipulation secrètes. Les manipulateurs et autres personnes contrôlantes ne seront pas aussi enclins à profiter et à compromettre votre identité fondamentale lorsque vous vous connaissez et savez ce que vous représentez. Sinon, il est plus facile de profiter de quelqu'un si cette personne n'est pas pleinement consciente de son identité.

Une autre façon d'éviter d'être contrôlé est d'avoir confiance en soi. Un manque de confiance peut conduire à une remise en question de soi, vous amenant ainsi à accorder naturellement aux autres plus de crédibilité qu'ils ne le méritent (Golden, 2016). Le doute de soi qui en résulte permettra aux personnes contrôlantes d'imposer leurs croyances, leurs valeurs et leur programme sur vous beaucoup plus facilement, car vous leur remettez plus de pouvoir. Cela peut conduire à devenir un pion pour le manipulateur, car leur validation de votre valeur personnelle vous donnera un faux sentiment de confiance. Il est également plus sain de commencer par prendre confiance en vous.

Il est également important d'éviter de devenir trop dépendant des autres pour ne pas être contrôlé par eux. Par exemple, si vous dépendez de votre partenaire pour satisfaire tous vos besoins au lieu de prendre soin de vous régulièrement, vous vous exposez à ce que cette personne tente de vous contrôler plus tard. En d'autres termes, lorsque vous négligez de prendre soin de vous et de vos besoins, vous invitez les autres à le faire pour vous par le biais d'interventions potentiellement bien intentionnées, bien que contrôlantes (Bundrant, 2011). Cela peut également conduire à une codépendance malsaine, étant donné le besoin d'être constamment dorloté ; il est donc important d'apprendre à compter sur vousmême, afin d'éviter ce piège.

En outre, il sera plus facile de vous contrôler si vous ne vivez pas dans le présent. En d'autres termes, si vous concentrez toujours votre attention sur des expériences passées, ces expériences finiront par vous contrôler émotionnellement et mentalement, même si vous êtes physiquement dans le présent. Vivre dans le passé peut diminuer vos facultés critiques et votre capacité à fonctionner parce que cette énergie détournera vos réactions et réponses au présent ; vous serez plus fatigué d'essayer de coexister dans les deux réalités et, par conséquent, vous serez plus facile à manipuler et à contrôler.

Contrôle interne

Le fait d'avoir le contrôle est une expérience totalement différente de celle d'être contrôlé, car vous êtes à la place du conducteur et vous pouvez choisir pour vous-même, alors que vous ne laissez pas quelqu'un d'autre faire ces choix pour vous. En outre, le fait d'avoir le contrôle vous permet de diriger et d'améliorer la situation en votre faveur. Par exemple, si je peux contrôler mes réactions au stress grâce à de meilleures techniques d'adaptation, je peux mieux diriger et orienter ma façon de réagir.

Cela permet à l'individu d'exercer une autorité sur sa propre autonomie et d'auto-gérer ses choix. Le contrôle interne s'accompagne généralement d'un objectif - si cet objectif est de perdre du poids, par exemple, l'individu adaptera ses choix et son comportement en conséquence. Si l'objectif est modifié, le comportement est alors modifié pour atteindre ce nouvel objectif.

Contrôle externe

Les applications du contexte de contrôle en ce qui concerne les personnes et les situations suggèrent que les personnes, en général, ne sont pas aussi faciles à contrôler lorsque leurs objectifs changent. Dans ce cas, ils n'auraient plus besoin de se comporter ou d'agir de la même manière pour atteindre cet objectif. Selon Carey, ce que les gens veulent peut changer, ce qui permet aux règles du jeu de changer également (2015). Ainsi, les personnes et leurs situations sont moins susceptibles d'être manipulées et contrôlées car elles n'ont plus besoin d'agir ou de se comporter de la même manière qu'auparavant. Par conséquent, si un changement de comportement, de pensées et de sentiments peut se produire en conséquence, le contrôle n'est plus applicable à la situation.

Pourtant, contrôler et manipuler les gens devient moins difficile lorsque les objectifs principaux ne changent pas ; cependant, le comportement associé à cet objectif doit changer pour qu'il reste efficace. On pourrait penser qu'il y a plus d'une façon d'aller du point A au point B. Par exemple, un individu peut changer et manipuler sa façon de penser tout en atteignant le même objectif en changeant le contexte pour mieux refléter l'objectif et l'état d'esprit. Ainsi, l'objectif principal du contrôle et de la manipulation est le changement lui-même.

Prendre le contrôle du passé, du présent et de l'avenir

Le changement résultant d'une manipulation habile est nécessaire pour prendre le contrôle du passé, du présent et du futur car, sinon, nous pourrions utiliser le passé comme une excuse pour continuer à avoir un mauvais comportement. D'autre part, le fait de penser au présent peut avoir une incidence sur l'avenir. Par exemple, si je continue à manger de la nourriture lorsque je suis émotionnellement bouleversé, je serai moins susceptible de manger sainement dans le présent lorsque je serai confronté à de nouveaux défis émotionnels. Cela peut avoir des conséquences sur mon avenir car, si je deviens dépendant de la nourriture chaque fois que je suis émotionnellement perturbé, je pourrais prendre beaucoup de poids et/ou compromettre ma santé et ma qualité de vie. Par conséquent, répéter les mauvaises habitudes du passé ne sert à rien car elles nous maintiennent ancrés dans ce passé. Si nous pouvons changer ces comportements passés et utiliser des mécanismes d'adaptation plus fonctionnels dans le présent, nos résultats présents et futurs pencheront davantage en notre faveur.

Outre la répétition des comportements passés, les gens ont également tendance à réagir davantage lorsqu'ils font face à des événements passés. Par exemple, si je suis déclenché émotionnellement par un événement bouleversant de mon passé, j'ai moins de chances d'y faire face de manière adéquate dans le présent, car mes émotions seraient écrasantes et réduiraient ma capacité à agir de manière appropriée. Il me serait également plus difficile d'acquérir de nouvelles compétences à utiliser dans le présent lorsqu'un déclencheur se matérialise à nouveau. Il faut un équilibre entre l'action et la réaction pour gérer efficacement le passé, le présent et l'avenir. De même, contrôler et manipuler les actions et les réactions d'une personne peut être bénéfique pour le présent et l'avenir.

Selon Firestone, la réalité de recréer des dynamiques et des environnements similaires de notre passé peut également colorer le présent et le futur (2016). En effet, en tant que personnes, nous avons tendance à favoriser le familier par rapport à l'inconnu ; par exemple, si une personne a grandi dans une grande famille avec de nombreux frères et sœurs, elle peut recréer cette situation en ayant toujours beaucoup de monde autour d'elle, contrairement à l'apprentissage de la vie en solitaire. Recréer la dynamique ou l'environnement familial peut être indésirable, car cela peut entraver la progression de l'individu vers l'âge adulte. En outre, manipuler le présent pour refléter le passé n'est pas toujours révélateur des événements futurs car, bien que les gens aiment penser qu'ils ont le contrôle, la réalité suggère souvent le contraire. Ainsi, le contrôle est une illusion, alors que la manipulation habile est réelle, puisqu'elle produit des résultats tangibles.

Répéter, réagir et recréer le passé suggère un manque de contrôle et un certain niveau de manipulation car, enfants, nous avions peu de contrôle sur l'environnement et la dynamique dans lesquels nous avons grandi. Pourtant, nous avons maintenant plus de contrôle pour orienter notre situation avec habileté, grâce à la différenciation, l'autonomie et l'agence que nous avons acquises à l'âge adulte. Une fois que nous avons établi cela, nous pouvons commencer à contrôler, guider ou manipuler des objectifs importants pour obtenir de meilleurs résultats de manière éthique. En fait, l'expérience de meilleurs résultats suggère que la connotation derrière le contrôle et la manipulation est plus positive que la plupart des gens ne le croient.

Conséquences du déclenchement du subconscient des étrangers

Une fois que l'individu a le pouvoir de contrôler, de guider et de manipuler sa situation davantage en sa faveur, cette personne peut alors également déclencher le subconscient d'étrangers en utilisant des techniques PNL rappelant le contrôle et la manipulation. Par exemple, la manipulation psychologique par le biais de la PNL peut provoquer des problèmes de santé mentale, comme la dépression, dans l'inconscient afin de les soulager. D'autres exemples de déclenchement de l'inconscient d'autrui incluent l'utilisation des techniques et outils PNL suivants (Beale, 2020) :

- Affirmations.
- Amplifier les bons sentiments.
- Changement de croyance selon la PNL.
- Hypnose et méditation PNL.
- Modélisation.

Cette liste n'est pas exhaustive ; la boîte à outils de la PNL permet de manipuler et de contrôler efficacement le client, en se concentrant davantage sur la production de résultats tangibles par rapport aux formes traditionnelles de thérapie. Par exemple, l'utilisation d'affirmations aidera le client à rester sur la bonne voie lorsque son attention s'éloigne de l'objectif principal. Les **affirmations**, comme les déclarations de croyance et de mission, peuvent également rappeler au client sa motivation à agir. En outre, les affirmations utilisées correctement peuvent influencer les mentalités grâce à la répétition et à la réitération. Par conséquent, la manipulation consciente des pensées et des sentiments par le biais des affirmations peut contrôler les événements de la vie réelle pour les destinataires, car elle les aide à remplacer les messages négatifs qu'ils ont pu rencontrer auparavant.

Amplifier les bons sentiments des clients peut également les aider à renforcer leur appréciation de certains événements, en leur permettant de revivre ces bons sentiments dans les moindres détails. Par exemple, si je ferme les yeux et me souviens du jour de la naissance de mon fils, je peux imaginer les images, les sons et les sentiments positifs du moment où il a été placé dans mes bras. Rien n'est comparable au fait de tenir son premier enfant dans ses bras pour la première fois ! Le seul inconvénient est que, finalement, le client doit revenir à la réalité et qu'il peut avoir une réaction moins que positive à ce retour. Les étrangers peuvent bénéficier de l'amplification des bons sentiments, mais que faire si ces techniques sont utilisées à mauvais escient pour contrôler le client de manière malveillante ?

En outre, le **changement de croyance** est une autre technique utile de la PNL qui modifie les croyances pour aider à libérer le comportement. La philosophie est qu'une fois que le destinataire réalise que ses croyances - même les plus fortes - sont relatives et non une vérité scientifique, ces croyances devraient avoir un effet moindre sur son comportement. Ce qui est effrayant, c'est que si le praticien PNL pratiquait le changement de croyance sur un étranger dans la rue, le comportement libéré de cet étranger serait désavantageux pour toutes les personnes impliquées. Dans ce cas, le comportement devient imprévisible lorsque les croyances et les valeurs ne le régissent pas dans une certaine mesure. De plus, si les praticiens de la PNL libéraient les croyances de tout le monde par le biais du changement de croyances de la PNL, de nombreuses personnes feraient simplement ce qu'elles veulent, aussi chaotique soit-il. Comme cela a été dit, ce scénario pourrait provoquer des situations proches de l'anarchie, étant donné le manque de systèmes de croyances, et donc le manque de contrôle en général.

Néanmoins, la pratique de l'hypnose et de la méditation PNL est une autre technique qui peut déclencher le subconscient d'inconnus. Ceci est accompli en induisant un contrôle involontaire de leurs facultés tout en les rendant hautement suggestibles aux influences externes, telles que la voix du praticien PNL. Par exemple, le client peut se détendre davantage lors du rappel d'un événement traumatisant de sa vie si le praticien PNL utilise un ton de voix spécifique. L'hypnose PNL est principalement utilisée pour améliorer les résultats de la thérapie PNL. Cependant, lorsque le subconscient d'un étranger est déclenché par l'hypnose, il pourrait réagir négativement à des influences moins bénéfiques, compromettant ainsi son identité pendant l'hypnose. Une personne sous hypnose PNL peut-elle être responsable d'avoir enfreint la loi ? Qui contrôle réellement la situation pendant l'hypnose ?

Enfin, la technique de **modélisation de la** PNL est également précieuse dans la pratique de la PNL car, en imitant et en copiant les méthodes réussies, il devient plus facile de voir ce qui fonctionne pour l'individu (Beale, 2020). Par exemple, en imitant et en intériorisant l'éthique de travail de ma mère, il me sera plus facile de déterminer quelle éthique de travail me convient dans le cadre d'emplois et de modes de vie spécifiques. Si le client est capable de s'identifier à la réussite d'un autre, il sera plus enclin à vouloir réussir lui aussi. Cependant, le prix à payer pour modeler les techniques de réussite d'un autre est que le bénéficiaire peut perdre une partie de son individualité. La dernière chose que le Praticien PNL souhaite, c'est que le bénéficiaire perde son identité et son autonomie. Par exemple, un bénéficiaire peut perdre le fonctionnement de son subconscient déclenché s'il perd son identité.

Contrôle mental par la PNL : Les trois principes de base

Les techniques PNL susmentionnées peuvent déclencher le subconscient d'inconnus tout en les contrôlant et en les manipulant pour obtenir de meilleurs résultats dans la vie. Selon Lee, les techniques de contrôle mental de la PNL, telles que la modification de votre physiologie, peuvent également affecter votre façon de penser (2020) et de ressentir. Par exemple, si vous voulez respirer la confiance, commencez par contrôler votre langage corporel pour manifester cette confiance à l'extérieur. Ainsi, votre esprit finira par reproduire cette manifestation dans la réalité. Si je veux manifester de l'affection, j'enlace physiquement mon partenaire dans l'espoir que nous puissions tous deux ressentir cette affection dans la réalité. Contrôler et manipuler votre physiologie peut produire ou susciter l'état d'esprit souhaité. Cependant, le revers de la médaille est que l'expression d'un état d'esprit défavorable ne produit généralement pas les résultats escomptés.

La deuxième technique de contrôle mental de la PNL consiste à souligner vocalement des **mots-clés** dans une conversation (Lee, 2020). Cette technique permet de convaincre l'autre personne de faire ce que vous voulez, compte tenu du point sur lequel vous insistez. Par exemple, si vous insistez sur le mot clé "faire" dans "faire la vaisselle", le destinataire de votre ordre sera plus enclin à respecter et à suivre la directive. L'accentuation des mots clés est également un outil publicitaire efficace. Par exemple, le slogan de Nike, "Just do it", met l'accent sur le mot clé "do" pour vous inciter à agir. Les techniques de contrôle mental de la PNL sont omniprésentes dans la société, étant donné leur présence dans presque tout, de la publicité à la politique.

La troisième technique de contrôle mental de la PNL est la **visualisation** (Lee, 2020). La visualisation est puissante car, lorsque vous vous imaginez en train de réaliser quelque chose, vous êtes plus susceptible d'adhérer à cette voie de la réussite que si vous ne l'aviez pas fait. Par exemple, si je me visualise en train de réussir dans mes aspirations professionnelles, il est plus que probable que je triompherai dans mon domaine. La visualisation aide le client à se représenter plus clairement l'objectif, surtout si les repères visuels sont la forme de communication préférée du client. Il est toutefois important de noter que, certaines sociétés étant plus visuelles que d'autres, elles ont tendance à juger de la réussite en fonction des apparences, ce qui n'est ni exact ni représentatif.

Il est clair que le contrôle et la manipulation peuvent prendre de nombreuses formes prévalentes que nous ne reconnaissons même pas, en bien ou en mal. C'est à ce moment-là que l'on doit prendre activement le contrôle de la situation et manipuler le résultat pour le meilleur ; sinon, nous pouvons devenir les victimes passives d'un contrôle mental à grande échelle. Néanmoins, le véritable pouvoir vient de l'individu qui contrôle et manipule son passé et son présent pour s'assurer que l'avenir est meilleur pour tous.

"Ceux qui contrôlent le présent, contrôlent le passé et ceux qui contrôlent le passé contrôlent le futur."

George Orwell

Résumé du chapitre

Dans ce chapitre, vous avez appris les principes fondamentaux du contrôle et de la manipulation. Vous avez également appris à comparer le fait de contrôler et d'être contrôlé. Il est important de se rappeler qu'il faut prendre le contrôle du passé, du présent et du futur pour réussir dans la vie. Cependant, le contrôle et la manipulation ne seraient pas possibles sans des techniques PNL efficaces pour déclencher le subconscient des gens. Enfin, le subconscient des gens peut être contrôlé et manipulé par le contrôle mental de la PNL. Pour vous rafraîchir la mémoire, voici les points clés de ce chapitre :

- La principale différence entre le contrôle et la manipulation est qu'avoir le pouvoir de diriger quelque chose (contrôle) n'est pas la même chose que de savoir comment le faire habilement (manipulation).
- Le contrôle est un état actif par rapport au fait d'être contrôlé, qui est passif.

- Le fait d'être sous contrôle suggère l'existence d'une agence, alors que le fait d'être contrôlé n'en suggère pas.
- Pour éviter d'être contrôlé par une personne manipulatrice, l'individu peut :
  o Avoir un fort sentiment d'identité.
  o Ayez confiance en vous.
  o Évitez d'être trop dépendant.
  o Vivez dans le présent.
- Le fait d'avoir le contrôle permet à l'individu d'exercer une autorité sur sa propre autonomie et d'auto-gérer ses choix.
- Les règles du jeu changent lorsque la personne ne veut plus la même chose. Son comportement change pour s'adapter à un objectif différent, ce qui le rend moins susceptible d'être contrôlé.
- Pour prendre le contrôle du passé, du présent et de l'avenir, une personne doit être prête à changer en refusant de le faire :
  o Répéter des comportements passés, non adaptatifs.
  o Réagir plus qu'agir.
  o Recréer les relations et les dynamiques passées dans le présent.
- Le praticien PNL compétent peut déclencher le subconscient des inconnus en pratiquant des techniques PNL de type contrôle et manipulation. Certaines de ces techniques comprennent (Beale, 2020) :
  o Affirmation.
  o Amplifier les bons sentiments.
  o Changement de croyance selon la PNL.
  o Hypnose et méditation PNL.
  o Modélisation.
- Certaines techniques de contrôle de l'esprit de la PNL comprennent :
  o Changer votre physiologie pour affecter votre façon de penser.
  o Mettre l'accent sur des mots-clés dans une conversation.
  o Visualisation.

Dans le chapitre suivant, vous apprendrez à lire et à contrôler les gens.

CHAPITRE QUATRE

Lire et contrôler les gens

PNL - Lecture de l'esprit

Lire dans l'esprit d'une personne ne se limite pas à consulter un médium. Il s'agit d'une science contenant des méthodes que les praticiens de la PNL peuvent utiliser pour comprendre *comment* une personne pense, et pas nécessairement *ce qu'*elle pense. Par exemple, un praticien de la PNL peut lire le langage corporel d'une personne pour déterminer son état d'esprit. Lire les gens à travers les positions et les mouvements du corps peut être utile dans les relations personnelles, amicales et professionnelles, car cela nous aide non seulement à mieux communiquer, mais aussi à estimer le prochain mouvement dans cette relation. Par exemple, si je suis frustré(e) par mon partenaire pour une raison quelconque, le fait de froncer les sourcils permet de lui faire part de mes frustrations. En conséquence, le prochain geste de mon partenaire sera généralement de me demander ce qui ne va pas. Cette interaction permet alors de faire avancer la relation. Le fait est que mon partenaire et moi pouvons lire l'autre à tout moment, ce qui se traduit par une relation saine, interdépendante et pleine de vie. Il est clair que lire les gens peut produire des résultats positifs !

PNL - Lecture de l'esprit par le langage corporel et les indices d'accès oculaire

La lecture de pensée PNL par le biais du **langage corporel** et des **indices d'accès oculaire** est utile à la fois pour le praticien PNL et pour le client pendant les sessions, car chaque partie peut bénéficier de l'autre. Par exemple, le praticien PNL peut utiliser le langage corporel du client pour déterminer le meilleur plan d'action de ce dernier beaucoup plus facilement que s'il utilisait simplement d'autres méthodes traditionnelles. De plus, le client bénéficiera également de la lecture, car il apprendra des méthodes d'adaptation plus saines en suivant les conseils du praticien PNL. En fait, il pourrait même sembler que le praticien PNL suit l'exemple *du client* en termes d'état d'esprit subjectif, de langage corporel et d'indices d'accès visuel exprimés par ce dernier. Ces deux références pour la lecture de l'esprit aideraient à indiquer la réalité du client.

En outre, la lecture de l'esprit PNL est une combinaison de la science derrière la lecture et l'interprétation du langage corporel et des indices d'accès oculaire, mais aussi de l'intuition du praticien PNL. La capacité à comprendre quelque chose immédiatement peut conduire à une amélioration des orientations et des conseils pendant la thérapie PNL, car le praticien PNL sera en mesure de répondre rapidement et de manière appropriée au langage corporel du client et aux indices d'accès visuel. Si le praticien PNL peut interpréter avec précision l'état d'esprit du client par le biais de la lecture de pensées PNL, les chances de succès sont plus élevées pour toutes les parties impliquées dans cette pratique évolutive.

Comprendre le langage corporel en PNL

La lecture de l'esprit par le langage corporel et les indices d'accès oculaire est pratiquée dans divers domaines, en plus de la PNL elle-même. Par exemple, les détectives de la police peuvent utiliser l'aptitude à lire le langage corporel pour déterminer si un criminel ment, ou si ce dernier fait des progrès pendant l'interrogatoire. En outre, le langage corporel peut donner aux gens une quantité impressionnante d'informations sur leurs pensées et leurs sentiments actuels. La majorité de ces informations sont non verbales ; selon Bradberry, 55 % de la communication provient du langage corporel, tandis que 38 % proviennent du ton de la voix et seulement 7 % proviennent des mots utilisés pendant une interaction (2017). Il est évident que 55% est une grosse affaire car il peut donner un aperçu de la nature des êtres humains eux-mêmes. Cela est utile pour de nombreuses personnes en position d'influence. Certains le langage corporel qui est plus facile à comprendre comprend (Bradberry, 2017) :

- Bras et jambes croisés.
- Des sourires qui plissent les yeux.
- Copier le langage corporel des autres.
- Posture.
- Les yeux.
- Sourcils levés.
- Mâchoire serrée.

Le langage corporel, comme les bras et les jambes croisés, suggère que la personne s'oppose activement à vos pensées et points de vue, tout en refusant d'y être réceptive. Il est important de noter que, même si l'expression faciale suggère le bonheur par un grand sourire, la personne peut en fait être isolée ou déconnectée des idées de l'autre personne, une situation dans laquelle elle serait fermée physiquement, émotionnellement et mentalement. Les bras et les jambes croisés peuvent également signaler le besoin de se protéger des idées et/ou des sentiments exprimés par l'autre personne.

Une forme de langage corporel qui peut être facilement lue par la pratique de la PNL et qui a été mentionnée brièvement est le sourire d'une personne. Si une personne sourit sincèrement dans une situation donnée, vous verrez ses yeux se plisser pour faire de même. En fait, une personne ne sera pas considérée comme souriant sincèrement si son sourire "n'atteint pas ses yeux", comme le dit le dicton. Le sourire d'une personne est souvent synonyme d'approbation, de plaisir ou d'amusement, sauf lorsqu'elle essaie de cacher quelque chose, comme une douleur émotionnelle ou mentale - dans ce cas, vous pourriez voir un sourire sans plissement des yeux. Si les pattes d'oie ne sont pas visibles aux coins des yeux, cette personne ne *sourit* pas vraiment.

Si quelqu'un copie votre langage corporel, cela suggère que cette personne peut ressentir une connexion avec vous ; elle fait donc preuve d'un effet miroir. Par exemple, si mon ami sourit d'une certaine façon, je peux sourire de la même manière. Ce geste suggère que la relation se passe bien et que je suis heureux de passer du temps avec mon ami. En outre, copier le langage corporel peut inciter l'autre personne à s'ouvrir à vous, en fonction du langage corporel que vous utilisez à ce moment-là. La compréhension de ce concept peut être utile dans la pratique de la PNL.

La posture d'un individu peut également nous dire une multitude de choses, comme si la personne se sent confiante ou fatiguée ; une personne au torse bombé laisse entendre qu'elle a, ou croit avoir, du pouvoir, alors qu'une personne avachie suggère qu'elle se sent moins puissante. Avoir une posture décente est précieux, car une telle posture peut également communiquer le respect des autres. Par exemple, lorsque j'étais en formation de base à l'armée, je devais copier ou refléter la posture des sergents instructeurs pour leur témoigner du respect, à moi et à l'uniforme.

Le mouvement des yeux d'une personne est une autre forme de langage corporel facile à comprendre. Si une personne maintient délibérément un contact visuel avec vous pendant une longue période, elle pourrait très bien vous tromper ou vous mentir. Dans ce cas, les yeux de la personne peuvent ne pas cligner ou ne pas bouger, ce qui suggère que quelque chose ne va pas. Faites toujours attention aux yeux. Notez que la durée moyenne d'un contact visuel est d'environ sept à dix secondes (Bradberry, 2017), donc si quelqu'un maintient un contact visuel plus longtemps et commence à vous mettre mal à l'aise, cette personne pourrait vous mentir ou essayer de vous intimider. Reconnaître ce fait peut être très utile à la pratique de la PNL, car le praticien PNL peut déterminer si le client lui ment. Les mouvements oculaires ou leur absence peuvent communiquer divers états d'esprit subjectifs, entre autres choses.

Les sourcils levés sont également une forme de langage corporel à laquelle il faut prêter attention car ils peuvent communiquer des émotions telles que la peur, l'inquiétude ou la surprise. Par exemple, si mes amis m'organisent une fête d'anniversaire surprise, ma réaction initiale de surprise lorsque j'entre dans la pièce peut devenir évidente lorsque mes sourcils s'élèvent sur mon visage. Cependant, les sourcils levés peuvent également suggérer quelque chose en coulisse, surtout lorsque le sujet de discussion ne devrait pas susciter de surprise, d'inquiétude ou de peur chez la personne qui réagit. En bref, méfiez-vous des sourcils levés.

Enfin, une mâchoire serrée peut communiquer une tension, un stress et une gêne à l'autre personne pendant une interaction. Par exemple, j'ai l'habitude de serrer la mâchoire lorsque je dois faire une prise de sang, car l'idée qu'une aiguille me pique le bras me stresse. Le phlébotomiste qui fait l'opération doit généralement me distraire en me parlant pendant la prise de sang, afin que je puisse me détendre un peu plus et desserrer ma mâchoire. Le langage corporel communique beaucoup d'informations sur l'individu, ce qui facilite le travail du praticien PNL.

Comprendre les indices d'accès oculaire en PNL

La lecture des indices d'accès oculaire du client pendant une session rend également le travail du praticien PNL moins difficile. Les indices oculaires, similaires au langage corporel, peuvent indiquer les pensées du client, ou du moins guider le praticien PNL dans la bonne direction. De plus, les indices oculaires aident le praticien PNL à déterminer à quel système de représentation le client a accès. Pour expliquer, un **système de représentation** inclurait des modalités sensorielles comme le visuel, l'auditif ou le kinesthésique, qui sont ensuite représentées par des méthodes et des modèles qui concernent la façon dont l'esprit stocke et traite l'information. Lorsqu'un individu utilise son esprit pour penser, le praticien PNL peut déterminer quel système de représentation il utilise pour communiquer sa modalité de pensée préférée - le praticien PNL les remarque alors en fonction des mouvements oculaires et des indices. Cependant, cette méthode n'indique pas exactement ce que la personne pense, mais simplement *comment* elle pense. En bref, le praticien PNL peut suivre le style de pensée préféré de l'individu à travers ces mouvements oculaires, ce qui est utile aux processus PNL.

Comme indiqué, les indices d'accès oculaire aident le praticien PNL en indiquant si le client traite les informations avec des éléments visuels tels que des images, des sons et des sentiments. Les images sont généralement tout ce que nous pouvons voir dans la réalité ; les sons peuvent inclure le ruissellement de l'eau courante ; et les sentiments peuvent inclure des émotions heureuses ou contrariées. Le fait de penser de différentes manières provoque des changements notables dans le corps, et le corps exerce également une influence sur la façon dont un individu pense. Par exemple, la façon dont un individu pense détermine les mouvements de ses yeux, et ces mouvements peuvent stimuler diverses parties du cerveau. Plus précisément, le fait de regarder vers le haut, en termes de mouvements PNL, est associé à la pensée visuelle, tandis que le fait de garder les yeux au même niveau suggère une pensée auditive. En outre, le fait de regarder vers le bas est associé à la pensée kinesthésique. Le fait de regarder à droite ou à gauche pendant ces mouvements oculaires de la PNL peut déterminer si l'individu est en train de construire ou de se rappeler des images, des sons ou des sentiments. Les yeux qui se déplacent vers la gauche indiquent la construction de modalités sensorielles, tandis que les yeux qui regardent vers la droite indiquent un rappel de modalités sensorielles. Les mouvements oculaires de la PNL peuvent aider le praticien PNL à mieux comprendre la personne et son style de pensée préféré.

Les indices d'accès de la PNL : Visuels, auditifs et kinesthésiques

Chaque système de représentation possède de nombreux indices d'accès en plus des mouvements et positions des yeux. Parmi les autres indices d'accès, citons la position de la tête et les gestes, la respiration, ainsi que le ton, le tempo et la hauteur de la voix de l'individu. Par exemple, les indices d'accès pour un système de représentation visuelle sont les suivants : tête haute, gestes au-dessus des épaules, respiration dans les poumons et voix aiguë avec un rythme de parole élevé. L'accès aux indices d'un système de représentation auditive comprendrait : la tête penchée sur le côté, des gestes au niveau des oreilles, la respiration dans le diaphragme et un rythme de parole et des tons variés. Enfin, les indices d'accès à un système de représentation kinesthésique sont les suivants :

tête baissée, gestes autour du corps, respiration abdominale et discours plus lent avec une voix plus grave. Compte tenu de ces détails sur l'accès aux indices et aux systèmes de représentation, les personnes peuvent déterminer leurs propres systèmes de représentation préférés, ainsi que les systèmes préférés des autres.

Indicateurs de comportement des systèmes de représentation préférés

En outre, il existe des indicateurs de comportement qui permettent de déterminer si le système de représentation préféré d'une personne est visuel, auditif ou kinesthésique. Par exemple, il est évident que je préfère le système de représentation visuel parce que j'ai tendance à être organisé, calme, que j'ai une bonne orthographe et que je peux être très détaillé. Voici quelques autres indicateurs de comportement des personnes visuelles :

- Soigné et ordonné.
- Observateur.
- Orienté vers l'apparence.
- Plus délibéré.
- Sont meilleurs pour mémoriser par image.

Les indicateurs de comportement peuvent également déterminer si une personne préfère le système de représentation auditif ; par exemple, si la personne aime se parler à elle-même, dit des mots lorsqu'elle lit, parle de manière rythmée et aime la musique, alors elle est probablement une personne auditive. Voici quelques autres indicateurs de comportement des personnes auditives :

- Apprenez en écoutant.
- Bavard.
- Utilise une approche phonétique pour l'orthographe.
- Aime lire à haute voix.
- Parlent mieux qu'ils n'écrivent.

En outre, les indicateurs de comportement d'une personne kinesthésique sont que la personne est généralement orientée physiquement, qu'elle apprend en faisant, qu'elle fait beaucoup de gestes et qu'elle réagit physiquement à la situation. Les autres indicateurs de comportement des personnes kinesthésiques sont les suivants :

- Touchez les gens et tenez-vous près d'eux.
- Bougez beaucoup.
- Une réaction physique plus importante.
- Développement précoce des gros muscles.
- Apprendre par la manipulation.

Chaque système de représentation peut aider le praticien PNL à déterminer non seulement comment l'individu pense, mais aussi comment il apprend, converse, épelle, lit, écrit et imagine. Si le praticien PNL est parfaitement conscient de la façon dont le client pense, il sera mieux à même d'influencer, de persuader ou de manipuler le client - et la réalité subjective vécue - pour obtenir un meilleur résultat. Sinon, il sera beaucoup plus difficile d'aider le client à atteindre ses objectifs personnels et professionnels.

Contrôler les gens par le biais de leur système de représentation préféré

Contrôler les gens par le biais de leur système de représentation préféré est accompli par l'application et la pratique des techniques et outils de la PNL qui peuvent améliorer l'état d'esprit du client et modifier sa réalité subjective à des fins plus pratiques et fonctionnelles. Plus précisément, le praticien PNL peut faire correspondre ou refléter les comportements, les mouvements et les paroles du client, tout en basant les actions reflétées sur le système de représentation préféré du client. Cette correspondance entre le système de représentation préféré du client et la manifestation qui en résulte permettra au praticien PNL de mieux accommoder, diriger ou contrôler le client. En effet, lorsque le praticien PNL s'assimile à son client et à son système de représentation préféré, le professionnel peut alors l'améliorer ou le modifier, dans le but d'améliorer les résultats et le succès.

Résumé du chapitre

Dans ce chapitre, vous avez appris à lire et à contrôler les gens. Vous avez appris que la lecture de l'esprit par le langage corporel et les indices d'accès oculaire est utile à l'application de la PNL. Il est également important de se souvenir des différents systèmes de représentation, car ils aideront l'individu et le praticien PNL à communiquer et à se comprendre. Pour vous rafraîchir la mémoire, voici les points clés de ce chapitre :

- Lire l'esprit d'une personne permet au praticien PNL de comprendre comment cette personne pense et ressent.
- Lire les gens nous permet de communiquer plus efficacement.
- La lecture de l'esprit de la PNL par le biais du langage corporel et des indices d'accès oculaire est utile car elle détermine la suite de la thérapie.
- Le langage corporel donne aux gens une quantité impressionnante d'informations sur ce qu'ils pensent et ressentent.
- Le langage corporel peut inclure (Bradberry, 2017) :
  - Bras et jambes croisés.
  - Des sourires qui plissent les yeux.
  - Copier votre langage corporel.
  - Posture.
  - Les yeux.
  - Sourcils levés.
  - Hochement de tête exagéré.
  - Mâchoire serrée.
- Les indices d'accès oculaire peuvent aider à déterminer quel système de représentation est utilisé par le client.
- Les types de systèmes de représentation préférés comprennent les systèmes visuels, auditifs et kinesthésiques.

- Les indicateurs comportementaux des systèmes de représentation préférés comprennent
  - Indicateurs comportementaux visuels :
- Soigné et ordonné.
- Observateur.
- Orienté vers l'apparence.
- Plus délibéré.
- Mémorise par image.
  - Indicateurs comportementaux auditifs :
- Apprend en écoutant.
- Très bavard.
- Utilise une approche phonétique pour l'orthographe.
- Aime lire à haute voix.
- Parle mieux qu'il n'écrit.
  - Indicateurs comportementaux kinesthésiques.
- Touche les gens et se tient près d'eux.
- Il bouge beaucoup.
- Une réaction physique plus importante.
- Développement précoce des gros muscles.
- Apprend par la manipulation.
- Contrôler les gens par le biais d'un système de représentation préféré peut être accompli en appliquant les techniques et les outils de la PNL.

Dans le chapitre suivant, vous apprendrez à entrer dans la tête des gens grâce au langage corporel.

CHAPITRE CINQ

Se mettre dans la tête des gens Grâce au langage corporel

Raisons d'apprendre et de maîtriser la lecture et l'application du langage corporel

Le langage corporel étant un indicateur plus précis de l'état d'esprit d'une personne, car les pensées et les sentiments communiquent et s'expriment plus naturellement à travers lui, apprendre et maîtriser le langage corporel est une compétence précieuse pour discerner les intentions et les motivations des autres. En d'autres termes, les intentions et les motivations des gens deviennent plus claires lorsque vous comprenez les raisons qui se cachent derrière leur langage corporel. Qu'il s'agisse de laisser une impression sur vos collègues de travail ou de communiquer un besoin d'affection, l'apprentissage et la maîtrise du langage corporel vous aideront à obtenir ce que vous voulez dans la vie, car vous maîtrisez les manifestations et les formes d'expression.

Les gens utilisent également le langage corporel pour donner aux autres leurs opinions et leurs jugements, et l'apprentissage et la maîtrise du langage corporel pourraient également être utiles pour cette raison. Certains domaines professionnels peuvent nécessiter l'apprentissage et la maîtrise du langage corporel pour le jugement ou l'évaluation, notamment la psychologie, le droit et même l'éducation. L'impression qu'une personne laisse par son langage corporel peut avoir des conséquences, selon le contexte. Par exemple, une évaluation psychologique peut affecter le médicament prescrit à un patient. À titre d'exemple, selon Radwan, 93 % des impressions que les gens établissent à votre sujet sont déduites du langage corporel, alors que seulement 7 % de cette impression est basée sur les mots que vous utilisez (2017). Malgré tout, n'oubliez pas que la façon dont vous communiquez par les mots a toujours autant de valeur que le langage corporel.

Prendre l'avantage grâce au langage corporel

Utiliser le langage corporel de manière avantageuse peut vous être bénéfique à bien des égards. L'un de ces avantages consiste à l'utiliser à des fins d'attraction. Une personne peut attirer un partenaire potentiel en utilisant son langage corporel ; si cela est fait correctement et avec la bonne quantité de communication, l'arrangement peut éventuellement conduire à l'amour et à l'affection. Certaines personnes peuvent utiliser le langage corporel pour attirer les autres, en leur faisant croire qu'elles les aiment, alors que ce n'est pas le cas. Cela peut être avantageux pour la personne, car elle peut mieux dissimuler ses véritables sentiments, ses intentions et ses motivations à ses amis, si nécessaire, et garder des limites personnelles.

Un autre avantage d'utiliser le langage corporel à votre avantage est de pouvoir induire des états d'esprit spécifiques. C'est ce qu'on appelle **l'effet inverse** car, lorsqu'une personne bouge son corps ou prend une certaine pose, des états d'esprit spécifiques peuvent se matérialiser en elle. Par exemple, si vous vous tenez avec le dos droit et que vous élevez un peu la tête, vous pouvez commencer à éprouver un sentiment de confiance, ce qui vous permet de croire davantage en vos capacités. Un autre exemple de l'effet inverse est le sourire d'une personne. Le sourire de quelqu'un d'autre peut tromper votre cerveau en déclenchant une réaction chimique qui améliore votre humeur, diminue le stress et la pression artérielle, et peut même augmenter votre durée de vie (Spector, 2018). Comme nous l'avons vu à travers ces exemples, il peut être avantageux d'utiliser le langage corporel, car il peut améliorer à la fois votre état d'esprit subjectif et votre bien-être.

Le langage corporel le plus utile à interpréter et à prendre en main

Il existe différents types de langage corporel que nous pouvons interpréter et contrôler pour optimiser nos situations individuelles, en fonction du contexte et de la raison. Par exemple, si la raison est de réaliser plus de ventes, le langage corporel du vendeur doit refléter la confiance lorsqu'il persuade le client d'acheter. Toutefois, si son langage corporel ne reflète pas cette émotion, il peut suivre un cours ou consulter un professionnel du langage corporel, afin d'apprendre à paraître et à se sentir plus confiant et détendu au travail.

L'interprétation du langage corporel n'est cependant pas une science exacte, en partie parce que diverses cultures peuvent avoir attribué des significations différentes au langage corporel. Selon Zhi-Peng, les gestes peuvent être difficiles à interpréter car toute légère variation peut véhiculer un nombre quelconque de significations complètement différentes (2014). Par exemple, la culture américaine a attribué le signe OK (pression du pouce et de l'index ensemble, les trois autres doigts écartés) comme une approbation, alors qu'en France, le même signe suggérerait que l'autre personne est "sans valeur" ou "zéro" (comme indiqué par le cercle créé entre les deux doigts principaux). Un autre exemple de langage corporel ayant une signification différente est le contact visuel : aux États-Unis et au Canada, le contact visuel direct montre la sincérité ou l'intérêt, alors que le même signe visuel au Japon est considéré comme un manque de respect (Zhi-Peng, 2014). Quoi qu'il en soit, le même langage corporel peut également véhiculer des significations communes en termes de mouvements corporels, de gestes, d'expressions faciales et de mouvements oculaires.

Une personne est offensée, mal à l'aise, timide ou sur la défensive.

L'état d'esprit d'une personne peut également être révélé lorsqu'elle est offensée, mal à l'aise, timide ou sur la défensive. De manière plus indicative, la personne qui ressent l'une de ces émotions croise générale-ment les bras et éventuellement les jambes, si la situation est suffisam-ment intense. Si vous remarquez qu'une autre personne est mal à l'aise parce qu'elle se trouve dans un environnement inconnu, peut-être lors d'un grand rassemblement pour le travail, cette personne va probable-ment croiser les bras comme une forme de protection contre cette situa-tion inconnue. C'est pourquoi cette posture est appelée "**posture défensive du langage corporel**", car elle signale le malaise de la per-sonne à son entourage. C'est presque comme si l'individu croyait qu'en pliant ou en croisant les bras et/ou les jambes, il sera soi-disant plus en sécurité ou protégé de cette influence environnementale.

En outre, la posture défensive du langage corporel s'accompagne gé-néralement d'autres expressions faciales et de mouvements corporels spécifiques. Parmi les expressions faciales et les mouvements corporels exprimés pendant cette période figurent le recul, une micro-agression de colère, une mâchoire serrée et des lèvres pincées. Par exemple, lors-qu'une personne n'aime pas une situation ou une personne inconfortable, elle se retire ou recule. D'autre part, les micro-expressions de colère sont également courantes lorsqu'une personne réagit de manière défensive, en partie parce que ses sourcils s'abaissent et que son nez et sa lèvre supé-rieure se soulèvent, illustrant ainsi son dégoût. Comme nous l'avons mentionné, une autre façon de savoir si une personne est offensée con-siste à serrer fortement la mâchoire. Dans ce mouvement défensif du corps, la personne a la mâchoire avancée et peut serrer les dents, même si vous ne le voyez pas. Les lèvres pincées sont un autre indicateur du malaise et de la tension d'une personne, généralement pour l'empêcher d'exprimer vocalement ce qu'elle ressent et ce qu'elle croit.

Cependant, la situation peut être rectifiée ou contrôlée lorsque la per-sonne assume la responsabilité de l'offense. Vous pouvez l'aider à le faire en lui demandant comment il se sent - cette question peut être accompagnée d'une demande pour savoir s'il se sent offensé et comment la situation peut être rectifiée. Ceci est utile à la PNL car, si le praticien PNL peut sentir l'état d'esprit de l'autre personne, ce professionnel aura plus de facilité à orienter la situation vers une amélioration. Une fois que cela est fait et que les deux parties se sentent à l'aise, elles peuvent alors poursuivre la session PNL.

Quelqu'un évalue ou réfléchit

Lorsqu'une personne tient son menton dans sa main, comme si elle retenait le poids de ses pensées et de ses idées, elle indique qu'elle réfléchit ou évalue une situation. Par exemple, je me retrouve souvent à faire ce geste lorsque j'écris. En outre, une personne qui utilise ce langage corporel pour communiquer suggère qu'elle écoute vos idées et vos pensées tout en les évaluant, mais aussi en se demandant si elles sont suffisamment convaincantes. Vous saurez si vous avez réussi à convaincre quelqu'un s'il hoche la tête en se tenant le menton.

Le langage corporel d'un penseur/évaluateur peut également indiquer si son évaluation est positive ou négative en se basant sur l'utilisation de gestes, tels que le sourire ou les applaudissements. Cependant, il existe d'autres indices positifs moins évidents que l'autre personne peut utiliser, comme se frotter les sourcils ou ajuster ses lunettes - dans le premier cas, c'est presque comme si elle espérait voir l'image positive plus clairement en écartant les poils de ses sourcils (Parvez, 2015). Je sais que j'ai ajusté mes lunettes de nombreuses fois en évaluant quelque chose que je vois plus positivement que négativement.

Il existe également des gestes d'évaluation négative qu'une personne peut utiliser pour signifier sa faible opinion de quelque chose. Parmi les gestes les plus évidents relatifs à l'évaluation négative, citons la fermeture des yeux ou le détournement du regard. Ces gestes indiquent clairement à l'autre personne que vous n'êtes pas tout à fait en faveur des idées qu'elle vous présente. Un autre geste, un peu plus subtil, consiste à se frotter le nez. Les gens font généralement ce geste lorsqu'ils sont en colère, anxieux ou gênés. Il est également intéressant de noter que certaines personnes peuvent se frotter le nez pour satisfaire une inflammation dans cette zone provoquée par une augmentation de la pression sanguine lorsqu'elles mentent - ce phénomène est connu sous le nom d'**effet Pinocchio** (Parvez, 2015). Ce mécanisme biologique est efficace dans la détection du mensonge, ce qui est ensuite utile dans une variété de situations et de carrières associées à la pratique de la PNL.

Quelqu'un est frustré

La frustration peut se manifester extérieurement de plusieurs façons par le biais du langage corporel. Il est facile de la comprendre et de l'interpréter lorsque la personne fait des gestes spécifiques, comme secouer son pied, taper ses mains sur ses genoux, se frotter le visage avec ses doigts, ou même se gratter vigoureusement (Radwan, 2017). Ces mouvements de frustration peuvent, en fait, libérer l'énergie refoulée dans cette personne, surtout lorsqu'il y a une situation sur laquelle elle ne peut pas agir. Pourtant, les formes de frustration les plus évidentes et les plus largement acceptées sont celles où la personne se frotte l'arrière du cou ou se gratte l'arrière de la tête. Se frotter l'arrière du cou lorsqu'on est confronté à des circonstances frustrantes peut aider la personne à se calmer, car elle évacue l'énergie de sa source.

Nous pouvons également détecter la frustration par un langage corporel plus subtil, comme les muscles du visage, les sourcils ou les lèvres d'une personne. Les légers mouvements dans ces zones sont appelés **micro-gestes**. Par exemple, lorsque je me sens stressé ou frustré, les muscles de mon visage peuvent parfois se contracter. Les autres personnes le remarquent à peine, mais un professionnel formé à la reconnaissance du langage corporel et des indices peut le faire. Si quelqu'un observe son ami - quelqu'un qu'il connaît probablement assez intimement - il devrait être capable de détecter ces micro-gestes beaucoup plus facilement que si quelqu'un d'autre le faisait, car il peut mieux reconnaître le comportement de son ami. Il est important d'être capable de détecter les micro-gestes dans votre langage corporel également, avant d'essayer de les juger dans le langage corporel de quelqu'un d'autre ; par exemple, un psychologue serait plus efficace s'il était plus conscient de ses propres micro-gestes avant de juger ceux d'un client.

Quelqu'un est anxieux

Une autre forme de langage corporel que nous pouvons facilement interpréter est l'anxiété. Lorsqu'une personne est anxieuse, elle exprime généralement ce sentiment en gigotant, de différentes manières. Parmi ces signes d'agitation, citons la transpiration, le fait de se ronger les ongles ou de taper constamment des doigts ou des talons sur une table ou sur le sol. Par exemple, lorsque je dois attendre chez le médecin pour un examen, il m'arrive de m'agiter sur mon siège à cause de la nervosité. Je peux aussi bouger rapidement ma jambe gauche de haut en bas pour tenter de dépenser cette énergie nerveuse pendant que j'attends que le médecin appelle mon nom.

En outre, l'expression de l'anxiété peut affecter diverses fonctions motrices, comme la marche ou la course, car cette énergie rend le corps plus rigide plutôt que détendu. À l'origine, nos ancêtres se cachaient des prédateurs en restant rigides et immobiles, afin d'éviter le danger. C'était comme si leur subconscient resserrait leur corps pour éviter d'être re-connu. Cet instinct se manifeste encore de la même manière aujourd'hui. Curieusement, il pourrait être considéré comme une forme de fantôme, la personne essayant de se soustraire à l'observation. Ce langage corporel anxieux peut être dirigé par un praticien de la PNL, le professionnel es-sayant d'inciter la personne à se calmer et peut-être même à faire des exercices de respiration profonde.

Quelqu'un s'ennuie

Comme nous l'avons vu, le langage corporel d'une personne peut si-gnaler divers états d'esprit, dont l'ennui. L'ennui peut être signalé par le fait qu'une personne a les yeux baissés, semble inattentive, bâille ou s'agite. À titre d'exemple personnel, lorsque je m'ennuie, j'ai tendance à me sentir fatigué, surtout lorsque je suis pris dans une routine quoti-dienne. Les raisons de l'expression de l'ennui par le langage corporel comprennent à la fois un manque d'intérêt et/ou une volonté d'agir. Par exemple, lorsque les gens s'éternisent sur des sujets tels que la politique, cela peut m'endormir car le sujet ne m'intéresse pas. Il existe de nom-breuses raisons pour lesquelles l'ennui peut se manifester.

Le langage de l'ennui s'exprime de plusieurs façons, notamment par la fatigue, la répétition et la distraction. Par exemple, lorsqu'une personne s'ennuie, elle se distrait en s'adonnant à d'autres activités, comme regar-der son téléphone portable. De plus, l'individu qui tente de se distraire à cause de l'ennui évitera généralement de regarder la source de l'ennui, qui est peut-être une personne ou un devoir. Certaines activités de dis-traction sont répétitives, comme le fait de se taper constamment sur les doigts. Enfin, une personne qui s'ennuie regarde parfois dans le vide et a le corps avachi. Cette posture peut indiquer au thérapeute ou au praticien de la PNL qu'il doit changer d'attitude ou modifier le cours de la thérapie.

Quelqu'un est prêt à passer à l'étape suivante

Le langage corporel qui indique qu'une personne est prête à agir peut inclure le pointage, la tension, l'accrochage et le mouvement. Par exemple, si le corps d'une personne est pointé vers une personne d'intérêt - peut-être le praticien PNL - c'est généralement un signe que la personne veut passer à l'étape suivante dans une séquence d'événements. En termes de tension, si une personne est tendue parce qu'elle fait quelque chose hors de sa zone de confort, ses bras peuvent s'agripper à quelque chose ; par exemple, si vous êtes chez le dentiste, vous pouvez vous agripper aux accoudoirs de la chaise pendant que le dentiste travaille sur vos dents, complètement prêt à sortir de cette situation.

Le crochetage est une autre forme de langage corporel qui indique que la personne est prête à agir. Pour cette forme, les mains de la personne s'accrochent légèrement à ses vêtements, généralement une ceinture, et elle le fait pour montrer qu'elle est prête à se déplacer rapidement en cas de besoin. Pour continuer sur le thème du mouvement pour montrer que l'on est prêt, notez que le début ou le premier mouvement prépare toujours le terrain pour d'autres mouvements successifs. Par exemple, j'ai tendance à redresser les vêtements sous mon manteau avant d'aller quelque part, comme au restaurant. Le prochain mouvement que je pourrais faire serait d'attraper mon sac à main en sortant.

Au-delà du langage de préparation mentionné, il existe également diverses raisons pour lesquelles quelqu'un voudrait agir à ce moment-là. Parmi ces raisons, citons le fait que la personne s'en va, qu'elle est prête à acheter, qu'elle poursuit une conversation ou qu'elle est prête à se battre. Si j'indique la direction de la porte, c'est parce que je veux quitter la situation. Une personne peut utiliser un langage de préparation lorsqu'elle est prête à acheter un produit particulier, en montrant ce langage au vendeur lorsqu'il pointe ce produit. Si mon partenaire et moi avons une discussion animée, l'un d'entre nous ou les deux enverront des signaux de préparation à l'autre lorsque nous parlerons ou poursuivrons la conversation. La dernière raison que nous évoquerons ici est celle d'un combat, lorsqu'une personne prépare son corps à se défendre ou à attaquer. En tant que frère ou sœur têtu, je me battais parfois physiquement avec mes autres frères et sœurs.

L'utilisation du langage de l'état de préparation pourrait être bénéfique dans de nombreuses relations, qu'elles soient professionnelles ou personnelles, car cela indique à l'autre partie qu'il faut agir pour que la relation évolue dans un sens positif. Il serait donc temps d'engager la personne à agir si elle est prête.

Quelqu'un ment

Le langage corporel qui révèle qu'une personne ment implique généralement des changements par rapport au comportement habituel de cette personne. Par exemple, si votre ami(e) a l'habitude de croiser votre regard lors d'une conversation, mais qu'un jour il(elle) commence à éviter le contact visuel, cela peut être un indicateur qu'il(elle) vous ment. Lorsqu'une personne ment, son amygdale - la partie du cerveau qui traite les émotions - devient moins réactive. Cette circonstance peut amener la personne à devenir plus habile à mentir, de sorte qu'elle peut recommencer successivement. Cependant, les changements dans le langage corporel peuvent encore les trahir. Selon Jalili, les mouvements du corps, les expressions du visage, le contenu du discours et le ton de la voix peuvent tous révéler un menteur (2019).

Un exemple de langage corporel ou de comportement qui implique qu'une personne ment est le mouvement des mains. Les mains qui font des gestes après une conversation sont des signes révélateurs d'un menteur car, pendant la conversation, le cerveau du menteur est trop occupé à inventer le mensonge et à vérifier si vous le croyez. Par conséquent, les mains peuvent ne pas faire les gestes qu'elles devraient faire pendant la conversation.

Un autre exemple de langage corporel qu'un menteur peut utiliser est le fait de se tortiller ou d'avoir la bougeotte, car la personne devient de plus en plus nerveuse à l'idée de se faire prendre. Les nerfs ou les modifications du système nerveux peuvent provoquer des démangeaisons ou des picotements, ce qui entraîne une plus grande agitation. Ce mouvement excessif du corps n'est pas normal pour quelqu'un qui dit la vérité, à moins que cette personne ait l'habitude de s'agiter beaucoup.

Une personne peut utiliser des expressions faciales impliquant ses yeux, sa bouche ou ses expressions lorsqu'elle ment. Si la personne qui ment au cours d'une conversation détourne souvent le regard, c'est qu'elle essaie de réfléchir à ce qu'elle va inventer ensuite concernant le mensonge qu'elle raconte. D'autre part, si quelqu'un vous fixe directement pendant trop longtemps au cours d'une conversation, cela peut également suggérer que quelque chose ne va pas. Il est important de se rappeler que le comportement de base de la personne est généralement différent de celui qu'elle adopte lorsqu'elle raconte un mensonge. Les mouvements de la bouche ou des lèvres sont également révélateurs d'un mensonge lorsque les lèvres de la personne se retroussent, ce qui suggère qu'elle retient des faits (Jalili, 2019). Le teint de la personne peut également changer si elle dit un mensonge. Cela peut aller de deux façons : il devient blanc comme un fantôme ou il rougit. Le langage corporel peut être assez révélateur, surtout pendant les interrogatoires.

Le contenu du discours peut également changer lorsqu'une personne ment. Par exemple, lorsque quelqu'un dit "Je veux être honnête avec toi", cela implique qu'il a ressenti le besoin de mettre l'accent sur son honnêteté pour compenser un mensonge potentiel. Un autre exemple de changement de discours pendant un mensonge est celui où le menteur cherche les mots pour inventer son mensonge. Dans ce cas, pendant que la personne réfléchit au prochain mot à utiliser, elle peut utiliser des mots de remplissage comme "hum" ou "euh" à de nombreuses reprises pendant son mensonge. En outre, le ton de la voix de la personne peut devenir plus aigu, ce qui indique qu'elle est stressée ou nerveuse lorsqu'elle raconte son mensonge. Ce stress entraîne une rigidification des cordes vocales qui se resserrent. Comme nous l'avons vu ici, l'acte de mentir a clairement son propre langage corporel, ce qui est utile en psychologie comme en droit.

Micro Expressions

Les micro-expressions sont également une forme de langage corporel qui peut indiquer les différents états d'esprit d'un individu et si cette personne ment. Parmi les micro-expressions universelles figurent la peur, la joie, le dégoût, la surprise, la tristesse, la colère et le mépris. Une micro expression est difficile à simuler car il s'agit d'expressions involontaires du visage qui se produisent lorsqu'une émotion particulière est ressentie (Markowitz, 2013). Par exemple, lorsqu'une personne est réellement surprise, elle peut lever les sourcils avec la peau qui s'étire sous le sourcil, voir apparaître des rides sur son front, ouvrir grand les yeux et laisser tomber sa mâchoire.

Ces micro-expressions sur le visage pendant une expérience émotionnelle ne durent pas très longtemps : environ 1/15 à 1/25 de seconde (Babich, 2016). Les locuteurs de vérité et les menteurs afficheront différentes formes de micro-expressions car ces expressions sont involontaires, ce qui en fait des indicateurs plus précis de la pensée authentique. Un praticien de la PNL peut utiliser l'analyse des micro-expressions de son client pour évaluer le véritable état d'esprit de ce dernier et déterminer le prochain plan d'action concernant la vie du client et la session de PNL. De plus, le praticien PNL peut reprogrammer l'individu pour qu'il aille dans la direction d'un résultat plus bénéfique, étant donné l'authenticité des micro-expressions, même si le client ment sur ce qu'il ressent réellement.

Parlez à la main : Poignées de main et gestes de Telltale

Les poignées de main et les gestes sont une autre forme de langage corporel qui peut être interprétée et même contrôlée. Cette forme de langage corps-main peut être très révélatrice d'une personne, car la position de ses mains peut afficher ses intentions. Par exemple, si une personne est sociable, sa poignée de main sera probablement plus ferme qu'une personne plus introvertie, dont la poignée de main sera probablement plus lâche. En outre, une poignée de main peut également être utilisée pour conférer une certaine domination, comme le montre le cas où la personne initie la poignée de main, puis utilise sa main pour guider ou contrôler la vôtre (Muoio, 2014). Parmi les autres formes de poignées de main, on peut citer la poignée de doigt écrasée, la poignée de main à deux mains, la poignée de main moite, la poignée de doigt et la poignée de main sans tasse. La poignée de main à deux mains est sans doute la plus intéressante car elle est généralement utilisée pour révéler la sincérité, l'honnêteté et même l'intimité, surtout lorsque la poignée de main est plus haute que d'habitude. Cependant, cette poignée de main peut toujours être trompeuse, par exemple, lorsque des dirigeants politiques veulent faire semblant d'être amis avec des étrangers, ils peuvent couper la main de l'autre personne dans le but de prendre le contrôle !

Le langage mains-corps comprend également des gestes des mains, comme montrer les paumes ouvertes, pointer quelqu'un du doigt, mettre les doigts devant le visage, se tenir avec les mains derrière le dos et serrer les mains (Muoio, 2014). Lorsque quelqu'un montre les paumes ouvertes, cela peut suggérer l'ouverture - à moins que les paumes ne soient baissées, suggérant plutôt l'autorité. Le fait de pointer du doigt peut suggérer l'agressivité, alors que le fait de placer ses doigts devant son visage donne l'impression de confiance. Dans l'armée, on voit souvent des gens se tenir les mains derrière le dos lorsqu'ils sont "à l'aise" ; cette attitude est généralement utilisée pour montrer le contraire de la supériorité et du pouvoir, ainsi que le respect envers ceux qui ont le pouvoir. Quoi qu'il en soit, serrer les mains indique la frustration.

Les poignées de main deviennent plus mémorables lorsqu'elles sont faites correctement, en fonction du contexte. Il peut s'agir d'une réunion d'affaires ou d'une rencontre sociale, et les poignées de main peuvent laisser une impression durable lors de ces événements. En termes de neurosciences, une poignée de main peut favoriser une atmosphère positive, pleine de bonnes intentions et de motivations. Une poignée de main confiante peut suggérer une communication à un niveau plus profond, une réduction des associations négatives et un intérêt personnel accru (Lee, 2020). Il est évident qu'une bonne poignée de main peut ouvrir la voie à d'autres communications et interactions positives.

Il est important de noter que les gestes des mains peuvent également être porteurs de sens. Par exemple, si vous mettez vos mains dans vos poches, vous montrerez une réticence à parler, alors que des paumes ouvertes peuvent suggérer la sincérité. En outre, une paume tournée vers le bas peut suggérer l'autorité et le pouvoir, tandis qu'une main fermée avec le doigt pointé peut signaler une tentative de soumettre quelqu'un. Par exemple, lorsque vos parents vous donnent une directive, ils peuvent utiliser une main fermée avec un doigt pointé pour vous convaincre effectivement de vous soumettre à leur autorité. Parmi les autres gestes de la main, citons la précision des pouces, la préhension du bout des doigts, la poussée du poing et le hachage de la main. Comme nous l'avons découvert, les gestes de la main peuvent vous en dire long sur une personne et ses intentions.

Langage corporel persuasif

Un langage corporel convaincant peut donner de l'assurance dans toutes sortes de situations, qu'elles soient professionnelles ou personnelles. Parmi les gestes du langage corporel qui reflètent la confiance en soi, citons les mains devant l'estomac, le contact du bout des doigts et la pose de force. Par exemple, je remarque que le météorologue que je regarde à la télévision le matin place toujours ses mains devant son ventre, le bout des doigts se touchant, lorsqu'il donne le bulletin météo du jour. Il semble très confiant, même lorsqu'il dérape sur ses mots. Parmi les autres gestes de confiance du langage corporel, on peut citer (Radwan, 2017) :

- Posture droite.
- Marche avec des pas larges.
- Il ne panique pas.
- Pas d'agitation.
- Moins d'erreurs de langage.
- Un contact visuel correct.
- Pas de gestes fermés.
- Ne pas regarder les autres pour savoir ce qu'il faut faire en ce qui concerne les actions futures.

Il est important de pouvoir lire ces signaux du langage corporel chez soi et chez les autres, car non seulement vous vous sentirez plus confiant et plus séduisant, mais les signaux eux-mêmes convaincront les gens de vous apprécier davantage. Par exemple, si mon partenaire marche à grands pas, cela peut impliquer qu'il n'a pas peur lorsqu'il rencontre des situations inhabituelles. En outre, de nombreuses personnes trouvent que la confiance en soi est sexy.

Les signaux du langage corporel sont également précieux pour les professionnels et les entreprises, en particulier lorsque le vendeur tente de persuader un prospect d'acheter son produit et/ou service. Certains de ces signaux corporels lisibles proviennent des yeux, du visage, des mains, des bras et des pieds. Par exemple, lorsqu'un client potentiel fixe le produit que vous essayez de vendre, c'est peut-être le bon moment pour lui demander s'il a des questions à ce sujet. Si le client sourit et hoche la tête en même temps, votre présentation du produit a probablement été réussie et vous êtes probablement prêt à partir.

En outre, les mains et les bras peuvent également communiquer l'impatience, généralement lorsque la personne tambourine des doigts (Wood, s.d.). Les pieds sont également intéressants à analyser, car ils peuvent indiquer si le prospect est ouvert ou fermé au vendeur, en fonction de la direction dans laquelle ils sont pointés. Si les pieds sont dirigés vers le vendeur, ils sont ouverts aux idées de ce dernier, alors que dans le cas contraire, ils n'apprécient probablement pas les conseils du vendeur. Les signaux du langage corporel tels que ceux-ci peuvent en dire long au vendeur sur la réaction du client à son égard et à l'égard de son produit. Il est donc essentiel d'en apprendre le plus possible sur les différents signaux corporels.

Persuasion et influence en PNL

Le langage corporel devient plus influent et persuasif lorsqu'une personne peut refléter ou correspondre à celui d'une autre personne. Par exemple, lors d'une session de PNL entre un client et le praticien PNL, lire le langage corporel et les signaux de l'autre peut devenir un jeu. Si le client sourit, le praticien PNL fera de même car cela crée un rapport et une confiance lorsque les gens voient que vous leur ressemblez. Ce rapport PNL peut ensuite être guidé et manipulé dans la direction souhaitée par le praticien PNL, qui guide le client avec ses signaux corporels intentionnels.

Dans la pratique de la PNL, la persuasion et l'influence au moyen de techniques et d'outils PNL deviennent possibles en utilisant une technique PNL en particulier : le cadrage. Le cadrage consiste pour le praticien PNL à établir le contexte de la situation en répétant à la personne son contexte original. Il le fait généralement en le reformulant pour indiquer sa propre similitude avec la personne, ce qui permet d'établir un rapport. Après tout, les meilleurs mots à entendre sont ceux que vous venez de dire ! Le cadrage PNL n'est qu'une des nombreuses techniques et outils PNL qui peuvent être très influents et persuasifs lorsqu'ils sont utilisés correctement.

S'il est fait correctement, il est possible de changer l'état d'esprit subjectif d'une personne par le cadrage PNL. Le praticien PNL encadrerait en contrôlant le contexte par l'utilisation de son propre état subjectif, de ses neurones miroirs, de son langage et de son intention (Snyder, 2019). Toutes ces variables contribuent à convaincre le client de s'ancrer auprès du Praticien PNL, ce qui permet d'établir un rapport et une confiance. Une fois que le client a confiance dans le Praticien PNL, il va utiliser le langage pour amplifier son état initial avec des mots déclencheurs. Ces mots déclencheurs peuvent ensuite être utilisés par le praticien en PNL pour amener le client à poursuivre la discussion en ouvrant une mémoire avec des valeurs, des associations et des **points sensibles** émotionnels. Les points sensibles animent le client sur le plan émotionnel et peuvent produire d'autres sentiments qui modifient les filtres perceptifs du client. C'est alors que le client commencera à percevoir le praticien PNL par l'image qu'il vient de créer de lui-même. Comme vous pouvez le constater, le cadrage PNL peut être un outil très puissant de contrôle, de manipulation et de persuasion.

Résumé du chapitre

Dans ce chapitre, vous avez appris pourquoi vous devez apprendre et maîtriser le langage corporel. En outre, vous avez appris comment prendre l'avantage en utilisant le langage corporel, tout en comprenant ses formes les plus importantes, afin de pouvoir les interpréter et les maîtriser. Il est également important de se rappeler ce que nous avons vu sur les micro-expressions, les poignées de main et les gestes, car mieux les comprendre peut vous aider à influencer et à persuader les autres beaucoup plus facilement. En outre, le miroir est une autre technique d'influence et de persuasion pour établir un rapport, en particulier lors du cadrage. Pour vous rafraîchir la mémoire, voici quelques-uns des points clés de ce chapitre :

- Le langage corporel non verbal peut être un indicateur précis de la communication d'une personne.
- Vous pouvez prendre l'avantage dans n'importe quelle situation en utilisant un langage corporel persuasif.
- Bien que l'utilisation générale du langage corporel soit universelle, les différentes cultures peuvent en interpréter certaines formes de manière différente.
- Le langage corporel peut indiquer des sentiments forts.
- L'expression involontaire de micro expressions peut être utile à la pratique de la PNL car le praticien PNL peut alors jauger le véritable état d'esprit du client.
- Les poignées de main et les gestes peuvent révéler le véritable état d'esprit du client.
- Un langage corporel convaincant donne de l'assurance dans toutes sortes de situations, qu'elles soient professionnelles ou personnelles.
- Voici quelques formes de langage corporel persuasif (Radwan, 2017) :
  o Posture droite.
  o Marche avec des pas larges.
  o Il ne panique pas.

- o Pas d'agitation.
- o Moins d'erreurs de langage.
- o Un contact visuel correct.
- o Pas de gestes fermés.
- o Ne pas regarder les autres pour savoir ce qu'il faut faire en matière d'actions.
- Le langage corporel devient plus influent et persuasif lorsqu'il peut être reflété ou adapté au langage corporel de l'autre personne, ce qui peut l'inciter à agir.
- Le cadrage PNL est un outil PNL puissant qu'un praticien PNL peut utiliser pour contrôler, manipuler et persuader un client.

Dans le chapitre suivant, vous apprendrez tout sur le contrôle de la trame NLP.

CHAPITRE SIX :

Contrôlez le cadre,
Contrôlez le jeu

Interprétation du cadre de la PNL

Le cadrage PNL peut être défini comme les limites qui encapsulent un événement ou une expérience. En d'autres termes, un **cadre** dans la terminologie de la PNL est le modèle mental d'une personne qui filtre ou colore ses perceptions quotidiennes, influençant ses comportements et ses interactions (Catherine, 2014). Dans le cadrage PNL, le modèle mental de la personne peut être changé, modifiant la façon dont elle voit et vit la réalité ; la réalité changerait telle que la personne la vit si un praticien PNL " cadrait " la personne.

La réponse du cerveau au cadrage PNL

Le cadrage de la PNL affecte le cerveau par la restructuration des liens du système limbique entre l'amygdale et l'hippocampe. L'**amygdale** est chargée de gérer vos émotions, tandis que l'**hippocampe** produit et stocke vos souvenirs les plus pertinents. Plus précisément, le **cortex préfrontal** et le **thalamus** interagissent avec l'hippocampe, l'amygdale et le reste du système limbique pour repérer le souvenir le plus approprié à la tentative de cadrage PNL.

Le cadrage PNL modifie une réponse émotionnelle

Ainsi, le cadrage PNL modifie la réponse émotionnelle à ce souvenir spécifique en augmentant ou en diminuant les émotions associées à ce souvenir. Par exemple, le cadrage négatif peut diminuer les émotions de la personne en l'aidant à se détacher de ce souvenir. Ce cadrage négatif accomplirait cette tâche en atténuant ou en inhibant tout lien entre les émotions et ce souvenir. D'autre part, le cadrage positif tente d'amplifier un souvenir normal pour en faire un souvenir plus puissant en faisant appel à l'imagination et aux sens de la personne, en mettant l'accent sur l'augmentation de son impact émotionnel.

Cadrage PNL basé sur les intentions

Le cadrage PNL est basé sur les intentions. Plus précisément, le cadrage de la PNL est basé sur les intentions du praticien PNL et du client lorsqu'ils interagissent au cours d'une séance de PNL, en fonction des raisons pour lesquelles la séance a eu lieu en premier lieu. Par exemple, si le client souhaite avoir une session parce qu'il veut recadrer une expérience qu'il a vécue comme étant plus positive, alors les intentions du praticien PNL seront probablement d'augmenter les associations et les sentiments positifs qu'il a envers cet événement ou ce souvenir. Les raisons de l'amélioration de l'état d'esprit subjectif du client en référence à l'événement ou au souvenir seraient que le client en bénéficie émotionnellement, psychologiquement, et peut-être même physiquement.

Catégories d'intentions dans le cadrage PNL

Il existe également des catégories d'intentions lorsqu'il s'agit d'encadrer la PNL. Certaines de ces catégories comprennent les intentions subconscientes, les intentions conscientes, les intentions prédéfinies, les intentions évolutives et les intentions conditionnelles. Les **intentions subconscientes** sont cachées ou supprimées de la conscience, tandis que les **intentions conscientes** sont des intentions auxquelles nous prêtons une attention particulière, et sont généralement celles qui occupent nos pensées quotidiennes. Par exemple, vous pouvez être "dans la zone" tout en travaillant sur une tâche et ne pas en être conscient, étant donné les intentions subconscientes ; cependant, vous êtes conscient de l'*objectif de* la tâche. Les **intentions préétablies** impliquent généralement des plans, tandis que les **intentions évolutives** se produisent sur le moment. Les **intentions conditionnelles**, chose intéressante, sont utiles si les conditions sont réunies. Comme nous l'avons vu, il existe diverses intentions concurrentes dans la vie et dans la pratique de la PNL.

Définir des cadres forts en PNL

En PNL, il est parfois nécessaire de définir des cadres forts pour atteindre l'objectif global. Cela est dû au fait que de nombreuses variables peuvent affecter la force des intentions du cadre, comme le temps, la flexibilité et la connaissance. Par exemple, un cadre temporel à court terme peut être fort, comme aller chercher des provisions au magasin, alors qu'un cadre temporel à long terme, comme rembourser une dette, peut être plus faible. En outre, la flexibilité joue un rôle car, si vous pouvez travailler dans des cadres secondaires pour atteindre l'objectif du cadre principal, les chances de réussite sont plus élevées que si vous restez inflexible. La connaissance joue également un rôle clé car plus l'individu a de connaissances, plus il a de chances d'atteindre l'objectif global. Les cadres forts exigent également des intentions fortes, même s'il y a de nombreuses variables de force de cadre en cours de route.

Savoir quel cadre PNL adopter

Il est essentiel de déterminer quel cadre PNL adopter en fonction du contexte individuel car le cadre peut affecter le client, la direction, les objectifs et le résultat global de la session PNL. Si le praticien PNL est conscient de l'individu qu'il essaie de persuader, il sera plus facile de choisir le bon cadre. Ces variables personnelles comprennent l'identité de l'individu, ses motivations, la forme d'expression choisie, les micro-expressions, les valeurs et ce qu'il veut vraiment (Snyder, 2019). Une fois cette connaissance obtenue, il devient alors plus facile de convaincre la personne de faire ce que l'on veut. Savoir quel cadre adopter peut également être déterminé en répondant aux questions suivantes :

- Que doit être cette personne pour qu'elle entreprenne les actions que je souhaite ?
- Dans quel état d'esprit subjectif la personne doit-elle se trouver pour vouloir entreprendre ces actions ?
- Quel est l'intérêt pour la personne ?
- Quel est le résultat ?

Si le bon cadre est choisi pour cette personne, elle sera plus encline à s'ouvrir, ce qui aidera à la fois le praticien PNL et le client. Plus précisément, le cadre correct aidera le praticien PNL à obtenir les informations dont il a besoin pour faire avancer la session de thérapie PNL dans la direction souhaitée, et le client bénéficiera du résultat.

Les raisons de créer un cadre solide en PNL

Pour créer un cadre solide, le praticien PNL devra respecter quelques conditions préalables. L'une de ces conditions est une intention forte, qui est nécessaire pour s'assurer de la volonté du client et mener la tâche à bien. Une autre exigence pour un cadre fort est la flexibilité, car il y a parfois plusieurs sous-cadres dans le cadre principal. Si le praticien PNL n'est pas flexible, il sera plus difficile d'atteindre l'objectif principal de la séance de thérapie PNL. L'exigence suivante pour un cadre fort est que le client et le praticien PNL doivent le mettre à l'épreuve pour déterminer sa tolérance et sa force de survie. Par exemple, si mon objectif est de perdre du poids, je dois agir de manière répétée pour y parvenir, surtout si je suis tenté de tomber en panne en m'empiffrant à un buffet. Les cadres forts exigent également de l'individu qu'il ne change pas de cadre et ne le redéfinisse pas, car cela ne ferait que lui faire perdre de vue son objectif initial. En bref, une personne doit tenir bon pour atteindre les objectifs et les buts du cadre.

Exercices de renforcement du cadre de la PNL

Parfois, les cadres de la PNL doivent être renforcés pour devenir et rester forts. Pour accomplir cette tâche, la personne peut suivre quelques exercices de renforcement des cadres. Certains de ces exercices comprennent :

- Évitez les jurons ou les gros mots.
- Respectez une liste de courses.
- Respectez un horaire de sommeil régulier.
- Faites de l'exercice tous les jours.
- Ayez des objectifs de vie concrets.
- Socialisez, mais gardez le score.
- Inclinez les gens à sourire.
- Prenez un cours de théâtre.
- Pratiquer le tai-chi en public.
- Tenez le compte des intentions fixées avant chaque conversation.

Les raisons de certains de ces exercices de renforcement du cadre incluent l'apprentissage de la maîtrise de soi par le respect d'une liste de courses, d'un horaire de sommeil régulier, etc. De plus, le fait d'avoir des objectifs de vie concrets et bien définis peut donner à la personne un but à atteindre. La socialisation aide à développer un meilleur contrôle de l'image au fur et à mesure que la personne interagit avec davantage de personnes, tandis que le fait d'incliner les gens à sourire attire les autres sur le plan émotionnel. Il est également suggéré de suivre des cours de théâtre pour renforcer le contrôle de l'image, car cela permet à la personne d'apprendre à bien "jouer la comédie" tout en utilisant un fort contrôle de l'image. La pratique d'exercices tels que le Tai Chi dans un espace public peut également aider la personne à apprendre à ne plus se soucier de ce que les autres pensent et du fait que les autres la regardent. Enfin, le fait de noter les intentions conversationnelles améliorera le contrôle du cadre parce que la personne s'entraînera à suivre ces intentions.

7 cadres de la PNL et comment les appliquer

Il existe une variété de cadres PNL dans la pratique de la PNL, et certains de ces cadres PNL sont le cadre des résultats, le cadre de l'écologie, le cadre "comme si", le cadre du retour en arrière, le cadre de la pertinence, le cadre du contraste et le cadre ouvert. Le **cadre des résultats**, plus précisément, est un exercice qui vous aidera à découvrir ce que les gens veulent, puis à apprendre les ressources pour acquérir leurs désirs. On l'applique en demandant simplement à la personne ce qu'elle veut. Un autre cadre est le **cadre écologique, qui se** définit comme l'impact d'une action ou d'un événement sur les grands systèmes auxquels nous participons, comme la famille, la communauté et même la planète entière. Le cadre écologique est appliqué en posant des questions sur l'intégrité de l'action souhaitée et sur la manière dont elle affecte l'intégrité des autres et de leurs systèmes respectifs.

D'autre part, le **cadre "comme si"** implique qu'une personne doit faire semblant jusqu'à ce qu'elle y arrive, ce qui permet d'explorer les possibilités et de résoudre les problèmes de manière innovante si la situation était différente. En outre, le **cadre "Backtrack"** est défini comme le retour à un point de référence pour clarifier l'information, afin que la personne puisse aller de l'avant et réorienter la direction de la communication et de l'interaction. Il est appliqué en reformulant ce qui a été dit en utilisant les mots-clés de l'autre personne, ce qui permet de vérifier s'il y a compréhension et accord.

Ensuite, il y a le **cadre de pertinence**, qui maintient la pertinence de la discussion en demandant "en quoi cela est-il pertinent pour le résultat ou l'ordre du jour de cette discussion ?". Le **cadre de contraste** est défini comme la comparaison et le contraste des options et des alternatives pour montrer que l'action doit être prise maintenant. Ce cadre est appliqué en contrastant la situation actuelle avec le résultat souhaité, ce qui permet de mettre en évidence l'action à entreprendre. Enfin, le **cadre ouvert** n'est pas du tout programmé, ce qui permet à la personne de discuter et d'exprimer tout ce dont elle a envie de parler à ce moment précis. Comme nous pouvons le constater, ces cadres peuvent être très utiles et s'appliquer à une variété de contextes pour aider le destinataire à atteindre le résultat souhaité.

Le recadrage en PNL

Recadrer le cadre original de la PNL peut être bénéfique dans certaines circonstances - lorsque le cadre original de la PNL ne s'applique plus au contexte actuel, il doit être restructuré et adapté pour être à nouveau viable pour l'individu et la situation. Selon Hall, le **recadrage** est défini comme le déplacement de nos pensées avec une perspective différente résultant de la reclassification et de la redéfinition du cadre de référence dans une classification ou une catégorie différente (2010). En effet, le recadrage nous permet d'être plus créatifs, car il fournit une nouvelle structure de référence à partir de laquelle nous pouvons voir les choses. Cela peut, à son tour, modifier nos expériences, nos pensées et nos interactions, entre autres choses.

Le recadrage peut s'effectuer de différentes manières, notamment le dé-cadrage, le pré-cadrage, le post-cadrage, le contre-cadrage, le décadrage et le cadrage métaphorique. Le **dé-cadrage** consiste à démonter le sens, tandis que le **pré-cadrage** consiste à reclasser l'idée d'action. En outre, le **post-cadrage** consiste à établir un point de vue préalable en structurant un cadre à l'avance. Le post-cadrage consiste à créer de nouveaux points de vue à partir d'un point de référence futur, de sorte que, lorsque la personne fait référence à une action antérieure, un sens différent se matérialise. En outre, le **contre-cadrage** exige que des contre-exemples soient fournis à la personne et/ou au contexte. Le **décadrage** est défini comme la création d'un nouveau cadre autour de l'idée en s'écartant d'une signification, permettant ainsi à l'autre cadre d'exister. Enfin, le **cadrage métaphorique** consiste à utiliser une histoire ou une métaphore pour cadrer les choses dans une situation similaire. Le recadrage permet à l'individu de s'adapter de manière créative au changement, tandis que la polyvalence mentale de la personne encadre et recadre ses expériences subjectives.

Utiliser le contrôle du cadre pour influencer les gens

Le contrôle du cadre peut être utilisé pour persuader les gens en démontrant la cohérence du comportement par la congruence des gestes du visage, du ton de la voix et du langage corporel, pour finalement amener les gens à vous suivre (Your Charisma Coach, 2020). Par exemple, si j'écoute systématiquement ce que mon partenaire a à dire en me penchant vers lui et en le regardant directement dans les yeux, il sera plus enclin à suivre mes idées ou mes suggestions lorsque j'aurai quelque chose à dire. En bref, mon comportement cohérent est ce qui maintiendra l'intérêt de mon partenaire et il suivra, je l'espère, mon exemple. Le contrôle du cadre est influent car il définit des attentes sociales qui peuvent faire une forte impression sur la personne, tant que vous ne changez pas votre comportement à son égard. Le contrôle du cadre ouvre la voie à d'autres actions et réactions une fois que vous l'avez défini.

La méthode Russell Brand et l'exploitation des mots et des faiblesses d'autrui

Une stratégie intéressante de contrôle du cadre est la méthode Russell Brand. La **méthode Russell Brand** de contrôle du cadre comprend un système de croyance fort, un langage corporel confiant, un état d'esprit clair dans lequel les émotions ne prennent pas le dessus, et la capacité d'exploiter les mots d'une autre personne. De manière plus explicite, un système de croyance fort avec une vision puissante soutiendra les arguments de l'individu, à condition de pratiquer continuellement ce système de croyance. Deuxièmement, un langage corporel confiant influence également le contrôle du cadre, ce qui se manifeste par le fait de montrer sa poitrine, de pratiquer un ton de voix autoritaire, de marcher comme un PDG et d'être conscient de ses gestes et postures corporelles (Iliopoulos, 2015). De plus, un état d'esprit clair dans lequel les émotions ne débordent pas est également important car il permet à l'individu de contrôler le cadre par rapport à sa perte.

Cependant, la capacité à exploiter les mots individuels des autres est également une aide puissante dans la méthode Russell Brand, car cela permet à la personne de retourner la situation sur le messager. Par exemple, si la personne n'est pas affectée par les tentatives de harcèlement des autres, elle suggère une présence plus calme, ce qui lui donne le temps d'évaluer les mots utilisés contre elle. La méthode Russell Brand de contrôle du cadre est efficace pour exploiter les mots et les faiblesses des gens, car la plupart des gens réagissent à la situation au lieu d'agir eux-mêmes.

Reprendre le contrôle de son propre esprit dans Frame Wars

Reprendre le contrôle de votre propre esprit dans les guerres de cadres est nécessaire pour pouvoir manipuler la situation en votre faveur. Cela peut se faire en remettant en question ce qui n'est pas observé et en créant une nouvelle discussion (Basu, 2016). Le fait de contester ce qui n'est pas observé permet à l'individu de faire parler l'autre partie d'une perspective plus large, ce qui lui donne l'occasion de détourner la discussion actuelle. En outre, cet acte interrompt l'autre partie et sa réflexion. En outre, poser des questions peut créer une autre discussion dans laquelle la personne peut amener l'autre partie à s'éloigner de son cadre et de son état d'esprit. En d'autres termes, la deuxième partie de la reprise de contrôle de votre propre esprit dans les guerres de cadres consiste à créer une nouvelle discussion, car cela permet de faire sortir l'autre partie de son propre cadre et de l'amener à considérer et à parler d'autres cadres pertinents. Cette méthode est utile pour mener une conversation en sa faveur.

Résumé du chapitre

Dans ce chapitre, vous avez appris les différents aspects du contrôle du cadre de la PNL. Vous avez appris ce qu'est le cadrage, ainsi que la façon d'établir un cadre solide. Vous avez également appris les sept cadres de la PNL et comment les appliquer, tout en considérant l'art du recadrage lui-même. Il est également important de noter l'utilisation du contrôle du cadre pour influencer les gens, par exemple, la méthode Russell Brand. Enfin, vous avez appris comment reprendre le contrôle de votre propre esprit dans la guerre des cadres. Pour vous rafraîchir la mémoire, voici les points clés de ce chapitre :

- Un cadre est le modèle mental d'une personne qui filtre ses perceptions quotidiennes, ce qui influencerait ensuite les comportements et les interactions de la personne (Catherine, 2014).
- Le cadrage de la PNL affecte le cerveau en restructurant les liens du système limbique entre l'amygdale et l'hippocampe.
- Le cadrage PNL modifie la réponse émotionnelle à un souvenir spécifique en augmentant ou en diminuant les émotions associées à ce souvenir.
- Le cadrage de la PNL est basé sur les intentions.
- Le cadrage de la PNL comporte les catégories d'intentions suivantes :
  o Des intentions subconscientes.
  o Des intentions conscientes.
  o Intentions préétablies.
  o Des intentions évolutives.
  o Intentions conditionnelles.
- Il est parfois nécessaire de fixer des cadres solides pour atteindre l'objectif global.
- Savoir quel cadre adopter en fonction du contexte individuel est essentiel et peut être déterminé en posant des questions :
  o Que doit être cette personne pour qu'elle entreprenne les actions que je souhaite ?
  o Dans quel état d'esprit subjectif la personne doit-elle se trouver pour vouloir entreprendre ces actions ?
  o Quel est l'intérêt pour la personne ?
  o Quel est le résultat ?
- Des exercices de renforcement du cadre sont parfois nécessaires pour renforcer le cadre. Voici quelques exemples d'exercices :
  o Évitez les jurons ou les gros mots.

- o Respectez une liste de courses.
- o Respectez un horaire de sommeil régulier.
- o Faites de l'exercice tous les jours.
- o Ayez des objectifs de vie concrets.
- o Socialisez mais gardez le score.
- o Inclinez les gens à sourire.
- o Prenez un cours de théâtre.
- o Pratiquer le tai-chi en public.
- o Tenez le compte des intentions fixées avant chaque conversation.
- Il existe une variété de cadres de la PNL, dont certains incluent :
  - o Cadre des résultats.
  - o Cadre écologique.
  - o Cadre As If.
  - o Cadre Backtrack.
  - o Cadre de pertinence.
  - o Cadre de contraste.
  - o Cadre ouvert.
- Le recadrage est le déplacement de nos pensées vers une perspective différente résultant de la reclassification et de la redéfinition du cadre de référence dans une classification ou une catégorie différente (Hall, 2010).
- Le contrôle du cadre peut persuader les gens en démontrant la cohérence du comportement par la congruence des gestes du visage, du ton de la voix et du langage corporel, ce qui finit par inciter les gens à vous suivre (Your Charisma Coach, 2020).
- La méthode Russell Brand de contrôle de l'image comprend un système de croyance solide, un langage corporel confiant, un état d'esprit clair dans lequel les émotions ne sont pas envahissantes, et la capacité d'exploiter les mots d'une autre personne.
- Reprendre le contrôle de son propre esprit se fait en défiant l'inobservé et en créant une nouvelle discussion.

Dans le chapitre suivant, vous apprendrez tout sur l'hypnose et la PNL Duo.

CHAPITRE SEPT

La puissance de l'hypnose et de la PNL

Comment l'hypnose et la PNL fonctionnent ensemble

L'hypnose et la PNL fonctionnent ensemble en influençant l'esprit et les comportements d'un individu à travers son subconscient et sa conscience de manière similaire. Puisque le subconscient peut influencer nos pensées, nos comportements, nos actions, et vice versa, la programmation ou la restructuration de l'esprit par l'hypnose et la PNL devient très efficace. La PNL et l'hypnose utilisent toutes deux le langage corporel et le ton de la voix pour influencer le subconscient de l'individu, dans le but de le mettre dans un état plus suggestif. Dans cet état, l'hypnotiseur ou le praticien de la PNL aura plus de facilité à amener la personne à suivre ses souhaits. En outre, l'efficacité de la PNL augmente si l'individu est hypnotisé, car il devient plus ouvert à l'influence, à la suggestion et aux conseils. De même, si l'individu est reprogrammé par la PNL, son subconscient acquiert également de nouvelles façons de penser et de ressentir les expériences quotidiennes. Il est intéressant de noter que si la PNL programme l'esprit pour discipliner le subconscient afin qu'il réagisse plus efficacement aux événements quotidiens, l'hypnotisme utilise le subconscient de la personne pour influencer son esprit avec un effet similaire. En bref, la PNL influence l'esprit conscient pour contrôler le subconscient, tandis que l'hypnotisme influence le subconscient pour ensuite affecter la partie consciente de notre cerveau. La combinaison de ces deux pratiques est une méthode efficace pour améliorer la vie d'un individu.

Les règles de l'hypnose

Bien que la PNL et l'hypnose soient très similaires dans leurs méthodes et résultats respectifs, l'hypnose a plus de liberté pour influencer l'esprit, étant donné qu'elle est moins scénarisée dans son application et sa pratique. L'hypnose a moins de présupposés caractérisant sa pratique, ce qui lui permet d'avoir plus de latitude pour jouer librement. Malgré tout, l'hypnose a quelques règles importantes qui contribuent à son efficacité. Selon Casale, ces règles sont (2012) :

- N'hypnotisez pas une personne qui souffre d'épilepsie, d'un trouble mental ou qui est autrement perturbée.
- N'essayez pas de construire des changements subconscients.
- Laissez tomber le côté théâtral et ne trompez pas l'individu.
- Évitez les réactions inattendues qui peuvent faire paniquer l'individu en raison de changements environnementaux imprévus. Il est important d'être attentif à cela, car l'individu sera plus sensible à l'environnement.
- Assurez-vous que la personne est libre de toute croyance induite lors de la sortie de transe.
- Veillez à prendre votre temps dans un environnement sûr et contrôlé.
- Traitez l'hypnotisme comme un outil de relaxation, et non comme un gadget de divertissement.

Ces règles pour la pratique de l'hypnose sont nécessaires pour diverses raisons. L'une de ces raisons est de traiter la personne initiée de manière éthique et avec le plus grand respect et la plus grande considération ; traitez-la de la même manière que vous souhaiteriez qu'un autre hypnotiseur ou un praticien de la PNL le fasse pour vous. Une autre raison des règles de l'hypnose est de s'assurer que toutes les parties impliquées sont en sécurité et saines avant, pendant et après la session. Cette assurance est nécessaire pour prévenir tout mauvais traitement envers l'individu, ainsi que tout abus potentiel de la pratique ; sinon, des résultats moins souhaitables pourraient se produire. Les règles de l'hypnose permettent de structurer et de guider son application vers des résultats et des avantages plus éthiques.

Mise en place, amorçage et induction de l'hypnose

Outre les règles de l'hypnose, l'hypnose se distingue également par le réglage, l'amorçage et l'induction de la personne induite par l'hypnotiseur. Cela est nécessaire pour que l'individu soit dans le bon état d'esprit pour subir l'hypnose. Pour initier la séance d'hypnose, le **cadre** lui-même doit être propice à la relaxation, ce qui est fait en s'assurant que l'individu est dans une position confortable, détendue et généralement inclinée, afin qu'il puisse devenir plus calme et paisible. Les hypnotiseurs utiliseront souvent un canapé confortable, par exemple. En outre, il est essentiel que l'hypnotiseur s'assure qu'il n'y a pas d'interruptions inattendues, comme un coup soudain à la porte, car cela pourrait interférer avec l'hypnose et même faire sortir l'intronisé de son état trop rapidement, affectant ainsi la personne inconsciemment. Plus important encore, la personne intronisée doit faire confiance à son hypnotiseur car, dans le cas contraire, la tentative sera moins réussie, étant donné que la personne intronisée sera moins confiante dans la capacité de son hypnotiseur à réaliser efficacement l'acte.

L'amorçage de la personne avant le début de la séance est également important pour la pratique de l'hypnose. Plus précisément, l'**amorçage** est le fait de rendre quelque chose prêt à l'action. En hypnose, cela se fait en déroutant la personne, en la rendant plus suggestible pendant que son cortex préfrontal est trop occupé à essayer de comprendre la confusion (Casale, 2012). C'est un peu comme si vous embrouilliez volontairement un télévendeur pour le distraire et l'empêcher d'essayer de vous vendre quelque chose dont vous n'avez pas vraiment besoin. Par exemple, je peux utiliser une mauvaise grammaire pour déstabiliser une personne ou même lui poser une question absurde. Ce faisant, je choque la personne au point qu'elle peut devenir encore plus influençable, car son cerveau ne sera pas aussi capable de filtrer le message confus ou la suggestion avec raison.

Une fois que le décor a été planté et que la personne est prête, il est temps d'induire l'hypnose. Pour ce faire, l'hypnotiseur demande à la personne de se détendre progressivement, de plus en plus profondément, jusqu'à ce que tout son corps soit dans un état de relaxation totale. Par exemple, l'hypnotiseur peut compter à rebours de dix à zéro, dans le but d'accroître le sentiment de calme et de tranquillité chez la personne. Plus précisément, l'hypnotiseur utilisera la visualisation et l'imagerie en demandant au client d'imaginer qu'il se détend dans un cadre spécifique, tandis que l'hypnotiseur compte calmement à rebours.

L'induction de l'hypnose exige de l'hypnotiseur qu'il utilise une voix calme tout en exprimant des mots et une structure de phrase positifs car, sinon, le sens du message peut être brouillé. Tout dépend de l'individu, de son état d'esprit subjectif et de son expérience, donc s'il devient mal à l'aise pour une raison quelconque, il est temps de mettre fin à la séance en réveillant soigneusement la personne de l'hypnose.

Utilisation de l'hypnose et du langage magique suggestif

L'utilisation de l'hypnose nécessite le pouvoir de suggestion par le langage. Comme nous l'avons vu, le langage peut être influent, et nous apprendrons que ce n'est pas seulement dans *ce qui est* dit, mais dans la *manière de* le dire. En d'autres termes, la façon dont le sens voulu est formulé et caractérisé peut influencer la façon dont le destinataire reçoit ce message. Par exemple, si j'utilise des directives plutôt que des suggestions pour convaincre quelqu'un d'agir, il y aura moins de liberté d'interprétation car la directive est plus spécifique. Demander à quelqu'un de ranger sa chambre est plus spécifique que si je le suggérais indirectement par le biais d'un langage ambigu laissant place à l'interprétation, par exemple en disant "Fais-le". D'un autre côté, suggérer un plan d'action par le biais d'un langage non spécifique peut être plus influent et plus puissant parce qu'il laisse la possibilité de personnaliser le sens voulu, étant donné qu'il y a plus de place pour cette interprétation.

Comme nous venons de le mentionner, la magie du langage suggestif est qu'il laisse beaucoup de place à l'interprétation grâce à son imprécision volontaire. Par exemple, le slogan de Nike "Just Do It" permet à l'individu de prendre ces mots au premier degré et consciemment. En outre, le slogan permet également à la personne de développer une signification inconsciente et spécifique à sa situation et à son contexte du moment (Evolution Development, n.d.). De même, les publicités télévisées sont connues pour être influentes et suggestives avec leur langage vague utilisé pour convaincre une personne d'acheter leur produit ou service.

En conclusion, le langage vague peut être plus suggestif et influent car il cible le subconscient d'une personne, ce qui est utile en hypnose car cela permet à l'hypnotiseur d'implanter des suggestions dans l'esprit de l'intrus. En hypnose, le langage est spécifiquement vague mais volontairement influent, avec des verbes d'action et d'autres mots utilisés de manière suggestive.

Aperçu du modèle Milton

Le **modèle Milton,** issu de l'hypnothérapeute Milton H. Erickson, utilise également le langage suggestif. Erickson utilisait le langage de manière efficace dans sa pratique afin d'obtenir des résultats plus rapides que ceux utilisés dans la thérapie traditionnelle. En exigeant des modèles de langage ambigus mais influents dans sa pratique, le modèle Milton aide le client à déduire sa propre signification de la communication, puis à l'appliquer à son expérience de la réalité. Cette interprétation personnalisée peut ensuite être utile aux objectifs du client car elle guide l'action nécessaire au client pour obtenir des résultats thérapeutiques. En résumé, l'utilisation du modèle de Milton en thérapie, en hypnose ou en PNL est un outil efficace pour susciter l'action de l'individu.

Les dangers de l'hypnose

En parlant de manipulation et de contrôle, les dangers de l'hypnose sont bien réels. En effet, certains hypnotiseurs n'ont pas d'intentions positives, tandis que d'autres manquent simplement de connaissances, ce qui finit par causer des dommages involontaires au destinataire. Selon Tyrrell, le côté sombre de l'hypnose dont les hypnotiseurs éthiques doivent être conscients comprend les éléments suivants (2015) :

- Enlever la volition de la personne intronisée.
- Les intentions douteuses de l'hypnotiseur.
- Construire de faux souvenirs.
- Causant des hallucinations.
- Télépathie non désirée.
- Blesser l'"essence" ou le caractère de l'individu.

Les risques et les dangers associés à l'hypnose justifient que les normes éthiques et morales les plus élevées soient appliquées pour éviter de nuire à l'individu sur le plan psychologique, émotionnel et même physique. Un tel préjudice peut non seulement bouleverser l'individu, mais aussi laisser une trace durable dans son subconscient, affectant ainsi sa vie quotidienne de manière préjudiciable. Si l'hypnotiseur ou l'hypnothérapeute ne fait pas preuve d'intégrité et de compassion, alors la personne intronisée pourrait subir des effets directs sur sa propre vie, comme la perte de sa famille, de son travail ou de sa santé mentale. Il est donc important de pratiquer l'hypnose de manière éthique, afin d'éviter les conséquences négatives pour toutes les personnes concernées.

Résister à l'hypnose

À ce propos, il est parfois nécessaire de développer une résistance à l'hypnose lorsqu'elle est utilisée secrètement sur vous et sans votre permission. Par exemple, le consumérisme implique l'utilisation de publicités hypnotiques omniprésentes recouvertes de messages subliminaux - sans votre permission - pour vous inciter à dépenser votre argent durement gagné pour un produit ou un service spécifique. Savoir se défendre avant qu'une telle situation ne se produise est la meilleure défense dont vous disposez pour vous aider à résister à la tentation de l'hypnose. Voici quelques-unes des meilleures défenses qui peuvent vous aider à contrer et à résister aux effets puissants de l'hypnose (David, 2010) :

- Connaissance et conscience de la manipulation du soi et de la psychologie.
- Reformuler les pensées de l'hypnotiseur pour plus de clarté.
- Refuser de donner des informations vous concernant.
- Repousser les décisions jusqu'à ce que l'expérience soit terminée.
- Ne pas abandonner les intérêts ou les contacts extérieurs.
- Éviter de côtoyer des personnes qui amplifient la culpabilité.
- Avoir au moins un ami critique qui n'a pas peur de douter de la véracité des faits qui lui sont présentés ou qui vous sont présentés.
- Rechercher des informations avant de rejoindre un groupe.

Il est également important de sauvegarder et de protéger vos limites personnelles ; sinon, les hypnotiseurs qui pratiquent l'hypnotisme clandestin de façon non éthique pourraient être en mesure de manipuler vos sentiments, vos pensées et vos comportements une fois qu'ils auront franchi vos défenses. Pour éviter cela, faites respecter vos limites personnelles comme un bouclier protecteur autour de votre personne de toutes les manières possibles. De cette façon, rien de louche ou de douteux ne peut affecter votre intégrité en tant qu'individu. Il est important de noter que certaines de ces techniques de résistance nécessitent de la pratique pour être efficaces contre les hypnotiseurs les plus dissimulés.

Comment les hypnotiseurs brisent la résistance

D'autre part, il existe des moyens pour l'hypnotiseur de briser la résistance du destinataire à ses tentatives d'hypnose. Par exemple, l'hypnotiseur peut isoler la personne de son environnement familier, comme sa famille et ses amis. Cela permet de briser la résistance de la personne, car elle se retrouve en territoire inconnu, ce qui la rend plus sensible aux influences extérieures. Voici d'autres façons dont les hypnotiseurs brisent la résistance (David, 2010) :

- Donner à la personne une acceptation inconditionnelle de la part d'un groupe de personnes faussement amicales.
- Isoler l'individu des idées contradictoires.
- Une fausse figure d'autorité, qui semble avoir des connaissances spéciales et vers laquelle les autres se tournent pour obtenir des conseils.
- Une fausse philosophie qui semble avoir toutes les réponses à vos questions.
- Submerger la personne d'activités qui entraînent une diminution de son autonomie de pensée ou d'action.
- Fournir un faux sentiment de "Nous" contre "Eux".
- Utiliser des techniques hypnotiques secrètes.

Cependant, il est possible de résister aux tentatives de lavage de cerveau des hypnotiseurs si l'individu est préalablement informé de cette pratique. La connaissance est la *clé* ! Sinon, si vous ne savez pas ce qui peut vous faire du mal, vous risquez de devenir un outil ou un pion au service des avantages et des objectifs des hypnotiseurs. Dans ce cas, l'ignorance n'est pas synonyme de félicité et, malheureusement, il y a beaucoup plus d'informations connues pour briser la résistance qu'il n'y en a pour la construire. Il est nécessaire de poursuivre les recherches afin de protéger l'individu contre les influences indues, le contrôle et les forces manipulatrices.

Hypnose secrète Signes de transe

En ce qui concerne les forces manipulatrices, l'hypnose secrète comporte de nombreux signes indiquant que l'individu qui ne le sait pas va entrer en transe ou l'est déjà. Par exemple, la dilatation des pupilles suggère que la transe commence à faire effet, car elle montre une relaxation dans le regard de l'individu. Il est important de connaître ces signes, car sinon l'individu peut se laisser entraîner par l'hypnose dans quelque chose qu'il pourrait regretter plus tard. Voici quelques autres signes de transe de l'hypnose secrète (Mask, 2020) :

- Changements dans le pouls.
- Changements dans les habitudes respiratoires.
- Les traits du visage se détendent.
- Attention absorbée.
- Changements dans le réflexe de clignement.
- Les paupières deviennent plus lourdes.
- La personne devient immobile.
- Contractions involontaires des muscles.

Connaître les signes de transe de l'hypnose secrète peut vous aider à vous protéger et à reconnaître si et quand vous entrez en transe. Toute personne qui connaît et peut reconnaître ces signes physiques de transe sera mieux équipée pour résister aux pratiques d'hypnose non éthiques. De plus, l'individu pourra mieux contrôler ses propres réactions à la tentative d'hypnose et réagir de manière appropriée en s'en sortant à temps avant que quelque chose de potentiellement préjudiciable ne se produise. Il est important de se rappeler que les objectifs et les résultats de l'hypnose et de la PNL doivent être constructifs et bénéfiques pour l'individu, et non destructeurs.

Résumé du chapitre

Dans ce chapitre, vous avez appris comment l'hypnose et la PNL peuvent travailler ensemble pour influencer l'esprit, tout en étudiant également comment l'hypnose peut utiliser un langage suggestif pour influencer le subconscient d'une personne. Nous avons passé en revue les dangers de l'hypnose et les raisons pour lesquelles il est parfois vital de résister à la tentative de l'hypnotiseur s'il pratique une hypnose secrète contraire à l'éthique. En outre, vous avez également été informé des différentes façons dont les hypnotiseurs peuvent briser la résistance d'une personne. Il est également important de connaître les signes de transe de l'hypnose secrète pour se protéger d'une influence indue. Pour vous rafraîchir la mémoire, voici les points clés de ce chapitre :

- L'hypnose et la PNL fonctionnent ensemble en influençant l'esprit et les comportements de l'individu par le biais du subconscient et de la conscience.
- Les règles de l'hypnose sont de traiter et d'influencer l'individu vers le résultat souhaité de manière éthique.
- Le réglage, l'amorçage et l'induction de l'hypnose sont essentiels pour les objectifs et les résultats de l'hypnose.
- Le langage vague peut être plus suggestif et influent car il cible le subconscient de l'individu.
- Le modèle Milton a été créé pour susciter l'accord de l'individu en utilisant des modèles de langage ambigus mais influents.
- Les risques et les dangers associés à l'hypnose justifient le respect des normes éthiques et morales les plus strictes afin d'éviter de nuire à l'individu sur le plan psychologique, émotionnel et même physique.
- Il est nécessaire de développer une résistance à l'hypnose lorsqu'elle est utilisée de manière cachée et sans votre permission.
- Voici quelques moyens de contrer et de résister à l'hypnose (David, 2010) :
  o Connaissance et conscience de soi et de la manipulation psychologique.
  o Reformuler les pensées de l'hypnotiseur pour plus de clarté.
  o Refuser de donner des informations vous concernant.
  o Repousser les décisions jusqu'à ce que l'expérience soit terminée.
  o Ne pas abandonner les intérêts ou les contacts extérieurs.
  o Éviter de côtoyer des personnes qui amplifient la culpabilité.
  o Avoir au moins un ami critique qui n'a pas peur de douter de la véracité des faits qui lui sont présentés ou qui vous sont présentés.
  o Recherche d'informations avant de rejoindre le groupe.
- Il est tout aussi important de savoir comment les hypnotiseurs peuvent briser les résistances, car cela peut aider l'individu à éviter de devenir un outil pour tout agenda non déclaré.

- Les façons dont les hypnotiseurs brisent la résistance incluent (David, 2010) :
  - Donner à la personne une acceptation inconditionnelle de la part d'un groupe de personnes faussement amicales.
  - Isoler l'individu des idées contradictoires.
  - Une fausse figure d'autorité qui semble avoir des connaissances spéciales et vers laquelle les autres se tournent pour obtenir des conseils.
  - Une fausse philosophie qui semble avoir toutes les réponses à vos questions.
  - Submerger la personne d'activités, ce qui entraîne une perte d'autonomie de pensée ou d'action.
  - Fournir un faux sentiment de "Nous" contre "Eux".
  - Utiliser des techniques hypnotiques secrètes.
- Connaître les signes de transe de l'hypnose secrète peut aider l'individu à ne pas être influencé de manière contraire à l'éthique et à ne pas participer à quelque chose de louche.
- Les signes de transe de l'hypnose secrète incluent (Mask, 2020) :
  - Dilatation des pupilles.
  - Changements dans le pouls.
  - Changements dans les habitudes respiratoires.
  - Les traits du visage se détendent.
  - Attention absorbée.
  - Changements dans le réflexe de clignement.
  - Les paupières deviennent plus lourdes.
  - Personne qui devient immobile.
  - Contractions involontaires des muscles.

Dans le chapitre suivant, vous découvrirez de puissants modèles de langage basés sur le modèle Milton.

CHAPITRE HUIT

La puissante influence du modèle Milton

Le modèle de Milton interprété

Le modèle Milton est le prototype de la communication hypnotique suggestive basée sur l'utilisation volontairement vague et ambiguë du langage de Milton Erickson, qui active le subconscient du client et en extrait sa propre interprétation du message reçu. Plus précisément, le modèle de Milton est le moyen de communication qui peut influencer le client et son subconscient à agir en déduisant leur propre signification individuelle des mots qui sont apparus au cours d'une séance d'hypnose ou d'hypnothérapie. L'utilisation du modèle de Milton pendant l'hypnose crée un état d'attention focalisée chez le client, ce dernier étant préoccupé par ses tentatives d'interprétation du sens d'un langage non spécifique. Ceci, à son tour, crée un état de suggestibilité accrue chez le client, grâce à l'utilisation du modèle de Milton de "métaphores pour des suggestions artistiquement vagues" (Excellence Assured, n.d.).

Le modèle de Milton peut être décomposé davantage en trois composantes respectives qui aident l'individu à comprendre son processus. Ces trois composantes sont le rapport, la surcharge de l'attention consciente et la communication indirecte (" Méthodes de programmation neurolinguistique ", 2019). Elles fonctionnent toutes ensemble pour induire une transe en entrant en contact avec le subconscient de l'individu. Par exemple, la première composante du **rapport** favorise la réceptivité entre le client et l'hypnotiseur grâce à certaines techniques de la PNL, comme le miroir. Ce rapport est ensuite ce qui permet à l'hypnotiseur d'amener le client à transformer son état d'esprit subjectif, ce qui nous amène ensuite à la deuxième composante du modèle de Milton : la surcharge de l'attention consciente du client.

La **surcharge de l'**attention consciente du client se fait par l'emploi d'un langage volontairement vague et ambigu qui amène l'esprit conscient à essayer de comprendre le sens de ce qui vient d'être dit. Cette action détourne alors efficacement l'attention de l'esprit conscient de la personne. C'est cette diversion qui permet à l'esprit subconscient de prospérer, ce qui conduit à la troisième composante du modèle de Milton, à savoir la communication indirecte.

La **communication indirecte**, en ce sens, permet non seulement d'accéder au subconscient, mais aussi de le diriger vers la pleine conscience grâce au pouvoir de suggestion intégré dans le langage utilisé pendant la séance d'hypnose. En effet, le langage non spécifique permet au client d'en tirer sa propre signification, ce qui explique pourquoi le modèle de Milton fonctionne à merveille. Dans le modèle de Milton, chaque composant respectif aide l'autre à atteindre le succès, spécifiquement pour les changements et les résultats que le client souhaite.

Comme nous l'avons mentionné, le modèle Milton a été influencé par Milton Erickson, qui est considéré comme le père de l'hypnothérapie. Erickson était un praticien de premier plan à son époque, et s'est impliqué dans de nombreuses activités professionnelles liées à sa pratique. Il a notamment fondé l'American Society of Clinical Hypnosis, donné des conférences et des séminaires et dirigé un cabinet privé. Erickson a continué à s'impliquer dans son travail alors qu'il était en train de devenir célèbre pour son succès.

En outre, le modèle de Milton reflète l'utilisation par Erickson d'un langage ambigu pour que le client en extraie le sens le plus approprié à cet individu et à sa situation actuelle. Cela a permis à Erickson de provoquer et d'utiliser la transe d'une personne et d'aider ensuite les gens à surmonter leurs problèmes et à obtenir des résultats concrets. En raison de ce succès, Erickson a été étudié par Richard Bandler et John Grinder, qui ont finalement créé le modèle Milton dans The Patterns of the Hypnotic Techniques by Milton Erickson.

Bien que le modèle de Milton soit basé sur le travail d'Erickson, ce dernier a également dû apprendre de ses collègues de l'époque. Par exemple, Erickson a appris à avoir une haute opinion de l'esprit subconscient du client et à le traiter avec respect en suivant les exemples de ses collègues. Erickson croyait également qu'il y a une intention positive derrière chaque action, et il a fondé cette croyance sur la façon dont les gens font le choix le plus bénéfique possible compte tenu des ressources dont ils disposent. Un autre élément important à noter est qu'Erickson tenait en haute estime la réalité de ses clients. Erickson respectait clairement ses clients, ce qui peut avoir influencé le présupposé général selon lequel il n'y a pas de clients inflexibles - seulement des praticiens inflexibles.

En bref, le modèle Milton a été influencé par l'homme lui-même et est pratiqué en hypnothérapie. Comme Erickson utilisait un langage vague et ambigu avec ses clients pour obtenir les résultats souhaités, il en va de même pour son célèbre modèle. Erickson était le maître dans l'art de "fournir le contexte avec aussi peu de contenu que possible, afin que ses clients puissent ensuite peindre l'image" (NLP World, n.d.). De même, le modèle de Milton garantit que la signification la plus pertinente est obtenue à partir du langage qui encadre le contexte.

Enfin, le modèle de Milton et son langage non spécifique mais suggestif sont si largement utilisés aujourd'hui dans des domaines comme la psychologie, le droit, les affaires et la publicité qu'il est parfois difficile de le remarquer dans la société, en partie parce que nous avons été conditionnés à l'accepter comme une banalité. Par conséquent, la prochaine fois que vous irez au cinéma et que vous regarderez les publicités au préalable, prenez note du langage vague et suggestif utilisé et de la façon dont vous y réagissez. Faites de votre mieux pour ne pas vous laisser influencer par elles.

Les puissants modèles de langage de Milton Model

Les puissants modèles de langage du modèle Milton peuvent structurer, influencer et manipuler les pensées et les comportements par leur seule existence. Lorsque nous utilisons et appliquons ces puissants modèles de langage du modèle Milton dans notre vie quotidienne ou pendant une séance d'hypnose, notre façon de penser commence à changer. Par exemple, selon Elston, le récepteur de ce message structuré commencera à passer à des niveaux de pensée plus élevés plutôt que de simplement détailler le contenu de sa pensée (n.d.). En outre, la relaxation peut être induite lorsque certains modèles de langage y conduisent, et d'autres modèles de langage du Milton Model peuvent aider le client à envisager des possibilités avec une interprétation plus étendue du monde. En d'autres termes, la perspective peut parfois faire toute la différence.

Les modèles de langage du modèle Milton fournissent non seulement cette perspective, mais ils constituent également un langage de changement qui incite le client à agir. Par exemple, le modèle de langage de **cause à effet** suggère qu'une chose en entraîne une autre via "Si...alors". C'est utile pour savoir quand le client doit agir ou penser à l'effet que quelque chose peut provoquer si l'hypnotiseur relie les deux idées dans ce schéma. Voici quelques autres modèles de langage utiles du modèle Milton (Elston, n.d.) :

- **Lecture de l'esprit : prétendre** avoir connaissance des pensées d'une autre personne sans expliquer comment vous avez acquis cette connaissance.
  - "Je sais que vous pensez..."
- **Ambiguïté - Manque** de spécificité.
  - Phonologique : "tu es" et "ton" - même son, sens différent.
- **Perte de performance - Transmission de** jugements de valeur sans identification de la source du jugement.
  - "Marcher, c'est bien."
- **Double Bind - Invite** à choisir, même s'il n'y a pas vraiment de choix.
  - "Tu veux qu'on parle maintenant ou plus tard ?"

- **Présupposition - L'**équivalent linguistique des hypothèses.
  - "Allez-vous changer de perspective maintenant ou plus tard dans la journée ?"
- **Verbe non spécifié : suggère une** action en faisant allusion à la manière dont elle se déroulera.
  - "Elle a causé le problème."
- **Quantificateur universel -** généralisations **universelles** sans indice référentiel.
  - "Tous ; Personne ; Tous ; Tout le monde"
- **Utilisation - Tient** compte de l'ensemble de l'expérience de l'auditeur pour soutenir l'intention de l'orateur.
  - Peut-être qu'au cours d'une séance, un collègue ouvre accidentellement la porte, le praticien peut dire : "La porte qui s'ouvre est une occasion d'inviter de nouvelles idées dans votre vie."
- **Commandes intégrées :** commande formant une grande partie de la phrase, marquée par des changements de langage corporel que le subconscient de l'auditeur percevra.
  - "Je ne laisserai pas entendre que le changement est facile."
- **Suppression comparative :** comparaison effectuée sans référence spécifique à ce qui est comparé.
  - "Vous l'aimerez plus."

Cette liste n'est en aucun cas exhaustive, car il existe de nombreux autres modèles de langage puissants du modèle Milton pour guider la séance d'hypnothérapie. Il est important de noter que, bien que ces puissants modèles de langage puissent être appris consciemment, ils sont pratiqués et se déroulent de manière subconsciente, car le langage lui-même est une activité spontanée et organique. En outre, l'utilisation des modèles de langage du modèle Milton nécessiterait au moins quelques années de pratique pour que l'utilisateur soit à l'aise et puisse les appliquer couramment. Par exemple, Erickson a pratiqué pendant des années pour devenir expert dans la communication avec des centaines de clients et pour affiner ces puissants modèles et techniques de langage. En bref, il est clairement important de pratiquer autant que possible.

Tout comme l'apprentissage d'une nouvelle langue nécessite de la pratique par le biais de la communication et de l'expression écrites et orales, il en va de même pour apprendre à "parler hypnose". Il faut des mois pour écrire les modèles de langage plus de quelques fois par jour, en plus de converser couramment avec les modèles de langage du modèle Milton. Vous ne réussirez que lorsque vous serez capable d'articuler ces puissants modèles de langage avec aisance.

Les modèles linguistiques du modèle de Milton peuvent s'appliquer à presque toutes les situations en raison de l'utilisation d'un langage non spécifique. Ce langage non spécifique comprend notamment des noms et des verbes non spécifiés, des indices référentiels non spécifiés, des verbes et des adverbes non spécifiés. Les noms et verbes non spécifiés obligent le client à faire appel à son imagination pour compléter les détails tels que le *qui* et le *comment*. Ceci est utile lorsque l'orateur devient trop détaillé ou spécifique, ce qui pourrait potentiellement diminuer l'influence et briser le rapport. Deuxièmement, l'utilisation d'indices référentiels non spécifiés, comme le mot "ceci", nous oblige à deviner les détails, en plus de prendre une décision interne sur le sujet de la phrase (Elston). Enfin, l'utilisation de verbes et d'adverbes non spécifiés dans le modèle de langage puissant de Milton nous permet de remplir le contexte avec nos propres expériences et connaissances. Le langage non spécifié est directif et suggestif car il permet au client d'en déduire sa propre signification et ses intentions, ce qui l'influence et le guide encore davantage.

Il est clair que l'utilisation puissante du langage dans le modèle de Milton peut façonner et influencer la direction, les objectifs et le résultat d'une séance d'hypnothérapie, en plus de l'influence directe sur le client. C'est pourquoi il est essentiel de s'exercer à apprendre comment utiliser de manière appropriée le langage puissant du modèle de Milton. Il est également important de ne pas sous-estimer la puissance du langage, même si le langage verbal ne représente qu'une petite partie de la communication. Le langage verbal utilisé en thérapie selon le modèle de Milton fait que les mots comptent tout autant que le langage non verbal que le client et le praticien utilisent pendant leur interaction.

Résumé du chapitre

Dans ce chapitre, vous avez tout appris sur les puissants modèles de langage que le modèle Milton utilise pour diriger, guider et influencer la thérapie et le client. En outre, vous avez appris à connaître le modèle Milton lui-même, ainsi que son créateur, Milton Erickson. Pour vous rafraîchir la mémoire, voici les points clés de ce chapitre :

- Le modèle Milton est le prototype de la communication hypnotique suggestive, basé sur l'utilisation délibérément vague et ambiguë du langage de Milton Erickson, qui activait le subconscient du client et lui faisait extraire sa propre signification et interprétation du message reçu.
- Les trois composantes du modèle de Milton sont le rapport, la surcharge de l'attention consciente et la communication indirecte.
- Le modèle Milton a été influencé par Milton Erickson, qui est considéré comme le père de l'hypnothérapie.
- Les puissants modèles de langage du modèle Milton font évoluer notre pensée vers des niveaux supérieurs, plutôt que de simplement détailler le contenu de notre pensée.
- Parmi les modèles linguistiques puissants du modèle de Milton, on peut citer :
  - Mind Read.
  - Ambiguïté.
  - Lost Performative.
  - Double aveugle.
  - Présupposition.
  - Verbes non spécifiés.
  - Quantificateur universel.
  - Utilisation.
  - Commandes embarquées.
  - Suppression comparative.
- Il faut s'entraîner à apprendre à parler de l'hypnose par le biais de la communication écrite et orale.

- Le langage non spécifié peut être directif et suggestif car il permet au client d'en déduire son propre sens et ses propres intentions, ce qui l'influence et le guide ensuite.

Dans le chapitre suivant, vous découvrirez les conversations hypnotiques.

CHAPITRE NEUF :

Conversations hypnotiques

Le pouvoir des mots

Les mots peuvent être très puissants car ils ont la capacité d'affecter notre état d'esprit subjectif et nos expériences quotidiennes en influençant nos pensées, nos comportements, nos réactions et nos actions. Les mots peuvent même susciter des émotions et évoquer des souvenirs grâce à leurs connotations et à leurs interprétations contextuelles. Les mots ont le pouvoir de nous aider à communiquer et à nous comprendre. En outre, les mots influencent non seulement *ce que* nous pensons, mais aussi *la manière dont* nous pensons, étant donné qu'ils peuvent structurer l'esprit d'une personne par un conditionnement répété. Sans les mots, notre monde et nos expériences seraient bien différents. En bref, les mots sont l'une des plus grandes réussites de l'humanité.

Les mots sont si puissants qu'ils peuvent aussi nous pousser à agir, consciemment ou inconsciemment, grâce à l'utilisation de mots déclencheurs. Les **mots déclencheurs**, au sens large, sont des mots qui peuvent inciter une personne à agir. Par exemple, certains verbes peuvent être considérés comme des mots déclencheurs parce qu'ils font allusion à une action, comme le mot "se souvenir". Lorsque quelqu'un vous demande de vous souvenir de quelque chose, l'action de se rappeler l'expérience ou l'événement passé déclenchera un souvenir. Cela peut ensuite évoquer les émotions qui sont associées à ce souvenir. Les mots déclencheurs sont importants en hypnose car leur utilisation permet d'influencer et de manipuler l'état d'esprit subjectif de l'individu.

Lorsque quelqu'un utilise des mots dans une conversation pour vous inciter à réagir, à répondre ou à agir d'une manière spécifique, il y a hypnose conversationnelle. L'**hypnose conversationnelle** est l'utilisation de mots déclencheurs dans une conversation qui peuvent induire des réactions, des réponses et des actions. Les mots déclencheurs dans une conversation sont connus pour (NLP Training Dubai, n.d.) :

- Activez nos sens.
- Stimulez l'imagination.
- Créez des associations et des amitiés.
- Aidez-nous à visualiser une image spécifique dans notre esprit, en rapport avec les mots.
- Conclure des accords.
- Rapprochez les relations.
- Avoir le pouvoir de distraire.
- Aidez-nous à mettre en corrélation des idées que nous pourrions manquer autrement.

L'hypnose conversationnelle nous permet de communiquer à un niveau profond, ce qui nous aide à devenir plus influents et persuasifs en ciblant l'inconscient à l'aide du langage corporel, des pensées et des mots. L'utilisation de **mots chauds** peut contourner le facteur critique et imprégner l'inconscient de l'individu car ils sont suffisamment puissants sur le plan émotionnel pour induire une réponse ou une réaction forte chez l'auditeur. Par exemple, les politiciens, les orateurs motivateurs et même vos parents peuvent utiliser des mots-clés pour vous inciter à agir. Voici quelques exemples de mots-clés (Mcleod, 2009) :

- Des jurons.
- Jugements de valeur sur soi-même.
- Mots sensoriels.
- Une émotion nommée.
- Des mots de précision.
- Des mots d'action se référant au soi.
- Des jugements de valeur extrêmes sur les autres.

Le pouvoir des mots dans ma propre expérience a été un pouvoir de transformation car, en apprenant comment utiliser et employer des mots spécifiques dans diverses situations, je peux apporter des changements positifs à ma vie. Des changements positifs tels que l'éducation, le mariage et même une carrière, grâce au pouvoir d'influence des mots, ont enrichi mon expérience de la vie elle-même. Tout se résume à la façon dont vous utilisez les mots qui peuvent changer votre vie pour le mieux. En particulier dans les carrières où l'on cherche à influencer les gens, le pouvoir des mots peut déterminer la réussite d'un professionnel.

Mots de pouvoir hypnotique à retenir

Les mots à pouvoir hypnotique sont ceux que nous utilisons tous les jours. Que vous parliez à votre partenaire, que vous envoyiez des messages instantanés à votre mère sur Facebook ou que vous écriviez une lettre à votre correspondant dans un autre pays, les **mots hypnotiques** sont des mots ordinaires qui font partie du langage courant. Ils n'ont vraiment rien d'extraordinaire. Il n'est pas nécessaire d'avoir un diplôme ou une certification pour les utiliser, ni d'être linguiste pour les appliquer. En fait, les mots-clés sont tout simplement banals, mais c'est ce qui les rend si spéciaux. En effet, leur utilisation fréquente dans le langage et la communication signifie qu'ils sont plus largement acceptés et moins contestés par les gens, ce qui signifie moins de résistance à leur utilisation. Par conséquent, ce qui fait des mots courants des mots forts, ce n'est pas nécessairement ce que vous dites, mais la manière dont vous les dites.

Comme je l'ai mentionné dans le chapitre précédent, les mots de pouvoir ou mots de pouvoir hypnotiques sont capables d'induire une action. Certaines de ces actions peuvent inclure : l'activation de nos sens, la stimulation de notre imagination, ou la corrélation des idées. Il est étonnant de constater que tant de choses peuvent se produire à partir de mots-clés quotidiens comme le mot "parce que" ; par exemple, *parce que j'ai bu beaucoup de café, je suis capable de travailler plus efficacement.* Plus précisément, le mot "parce que" peut aider à corréler les idées et à les rendre plus fluides. Cela peut être très utile dans le cadre de l'hypnose conversationnelle, car cela aide également le client à comprendre la relation de cause à effet, en plus de créer des associations utiles.

Un autre mot hypnotique puissant est le mot "et". Le mot "et" peut aider les idées et les pensées à se construire les unes sur les autres, peignant une image plus détaillée pour le client. En lisant ce chapitre, vous allez acquérir de nouvelles connaissances *et* compétences. Le mot "et" est une conjonction utile qui joint les idées et les phrases, ce qui peut aider le client à coordonner les choses dans une relation, établissant l'harmonie et l'efficacité (Lexico, 2020). Cela est utile à l'hypnose conversationnelle et à la vie de tous les jours, car le mot permet d'obtenir l'accord et la concorde de l'individu.

En outre, le mot de pouvoir hypnotique "as" est une autre conjonction utilisée pour relier les idées. Par exemple, *je vais faire des pauses pendant que je travaille*. Ce mot est utile à l'hypnose conversationnelle car il permet d'induire une action, ce qui peut influencer les réponses appropriées. Par exemple, en écoutant le bruit de la pluie tombant sur le sol, vous pouvez vous détendre plus profondément.

Le mot "imaginer" est un autre mot hypnotique puissant car il stimule l'esprit de l'individu à visualiser un scénario. Par exemple, imaginez-vous en train de réussir après avoir lu ce livre. Même le groupe de musique rock and roll The Beatles a écrit un chef-d'œuvre intitulé "Imagine". Ce mot permet également à l'individu d'éprouver les sentiments ou les pensées qu'il souhaite avoir.

"Ce qui signifie" est une phrase de pouvoir efficace à utiliser en hypnose conversationnelle, car elle est utilisée pour expliquer ou définir quelque chose plus en détail au client. Par exemple, *je vais acheter d'autres perles, ce qui signifie que je vais faire un bracelet avec*. L'expression "ce qui signifie" détermine le caractère du nom qui la précède et démontre la quantité, la possession ou la proximité du locuteur (Your Dictionary, n.d.). Ceci est clairement utile dans l'hypnose conversationnelle car l'individu sera capable de comprendre davantage ce que l'hypnotiseur veut dire en étant plus spécifique dans la deuxième clause.

L'hypnose conversationnelle a beaucoup plus de mots pour induire une réaction, une action, des pensées et des comportements. Voici quelques autres mots de pouvoir hypnotique à utiliser (Ledochowski, 2019) :

- Fais semblant.
- La suite.
- Chaque fois.
- Comment c'est quand
- Supposé.
- Rappelez-vous.
- Que se passerait-il si.
- Trouvez-vous.
- Réalisez.
- Tôt ou tard.

Les mots hypnotiques puissants stimulent l'inconscient et induisent une action quelconque, étant donné leur puissante influence à travers non seulement ce qui est dit, mais aussi la manière dont c'est dit. En outre, les mots hypnotiques puissants peuvent encadrer le contexte pour l'individu, ce qui peut aider à guider et à diriger ses pensées, ses sentiments, ses actions et ses comportements. Ceci est utile à l'hypnotiseur, qui peut alors manipuler et contrôler le client et le résultat de la séance d'hypnose.

Êtes-vous un hypnotiseur conversationnel ?

Les hypnotiseurs conversationnels sont des experts pour influencer toutes les personnes qu'ils rencontrent. Ils savent comment vous amener à faire ce qu'ils veulent car ils sont persuasifs grâce à leurs techniques de contrôle et de manipulation. Leurs compétences peuvent bien travailler sur votre inconscient, vos pensées, vos sentiments et même vos comportements. En bref, les hypnotiseurs conversationnels savent comment vous convaincre d'acquiescer à la volonté et au programme des autres parce qu'ils utilisent leurs dons naturels d'influenceurs. Cependant, même l'hypnotiseur conversationnel le plus compétent a dû apprendre à maîtriser des compétences spécifiques pour vous convaincre. Par exemple, l'un des éléments cruciaux de la persuasion est d'avoir le bon état d'esprit, ce qui peut faire toute la différence pour déterminer si la situation est propice à l'influence pour commencer.

Un autre aspect crucial de la réussite des hypnotiseurs conversationnels est leur capacité à utiliser des mots-clés influents, car ils peuvent donner à votre présentation la puissance et l'énergie dont elle a besoin pour avoir un impact. Les bons mots peuvent déterminer si et comment votre auditeur réagira au message reçu. Par exemple, des mots comme imaginer, réaliser et se souvenir peuvent déclencher une séquence d'événements qui mettront le subconscient en action. Pour ce faire, ces mots pénètrent dans la région de l'esprit la plus susceptible de réagir à ces mots et à leurs connotations.

Le troisième élément crucial d'un hypnotiseur conversationnel est de montrer la congruence entre votre langage corporel, vos mots et vos pensées. C'est important car l'auditeur vous trouvera plus crédible et plus crédible si votre langage corporel verbal et non verbal correspond. En d'autres termes, vos paroles et vos actions doivent être synchronisées ; sinon, le récepteur de votre message sera moins susceptible d'adhérer à ce dont vous essayez de le convaincre. Vous ne pouvez pas faire une chose et en dire une autre.

Un hypnotiseur conversationnel dispose de nombreux outils et techniques dans son arsenal qui peuvent faire ou défaire l'affaire. Voici quelques-unes de ces techniques :

- Travailler sur votre attitude.
- Être cohérent dans ce que vous dites et faites.
- Établir un rapport avec l'individu.
- Suivre la formule ABS.
  - Absorber l'attention.
  - Contourner le facteur critique.
  - Stimuler l'esprit inconscient.
- Captiver l'individu avec des histoires intéressantes.
- Utiliser des ponts linguistiques (comme et) et des mots-clés.

- L'utilisation de thèmes hypnotiques pour créer l'ambiance.
- Enflammer les choses en utilisant des mots chauds (ou des mots émotifs).
- Apprendre à reconnaître les signaux de transe (Ledochowski, 2019) :
  o Visage détendu.
  o Dilatation de la pupille.
  o Changements respiratoires.
  o Des paupières lourdes.
  o Manque de mouvement.

Pour que ces outils et techniques fonctionnent, il est important d'établir une connexion avec l'individu, sinon l'hypnose risque de ne pas être aussi efficace, étant donné le manque d'association avec le destinataire. Lorsque cette connexion est établie, l'hypnotiseur conversationnel peut alors employer encore plus d'outils du métier pour influencer et persuader l'autre personne dans la conversation. Ces outils comprennent (Radwan, 2017) :

- **Interruption des schémas - Interruption des** schémas réguliers pour programmer l'esprit de la personne.
- **L'effet Zeigarnik - Raconter à** quelqu'un une histoire incomplète pour engager l'esprit conscient avec des commandes hypnotiques jusqu'à ce que le reste de l'histoire soit raconté.
- **Mots négatifs - L'**utilisation de mots négatifs pour déclencher l'action inverse.
- **Ambiguïté - L'**utilisation de mots ambigus pour pousser le subconscient à l'action.
- **Mots clés hypnotiques : ils programment** le subconscient.

Un hypnotiseur conversationnel a certainement de nombreux outils dans son arsenal qu'il peut utiliser pour influencer et persuader ; cependant, l'outil le plus important est les mots utilisés pour transmettre le message. Les mots peuvent ajouter de la profondeur, du sens et du contexte au message, ainsi que définir le contexte et la façon dont il est perçu par l'auditeur. Puisque les mots ont tant de pouvoir et d'influence, il est important de les utiliser avec soin car ils peuvent affecter l'individu à de nombreux niveaux. En bref, les mots font plus qu'influencer ; ils colorent le langage avec lequel nous vivons nos vies.

Résumé du chapitre

Dans ce chapitre, vous avez tout appris sur le pouvoir des mots, leur influence et leur utilisation dans l'hypnose conversationnelle. Vous avez également appris que la façon dont quelque chose est exprimé par les mots est aussi importante et précieuse que ce qui est exprimé par ces mots. En outre, vous avez appris des mots hypnotiques puissants qui peuvent influencer et diriger les pensées, les sentiments, les actions et les comportements d'une personne. Rappelez-vous que l'hypnose conversationnelle peut contrôler et manipuler votre inconscient pour qu'il agisse en fonction de la volonté et du programme de l'hypnotiseur conversationnel. L'hypnotiseur conversationnel est un facteur important qui explique pourquoi nous devons utiliser les mots avec précaution. Pour vous rafraîchir la mémoire, voici les points clés de ce chapitre :

- Les mots ont le pouvoir d'affecter notre état d'esprit subjectif et nos expériences quotidiennes en influençant nos pensées, nos comportements, nos réactions et nos actions.
- Les mots déclencheurs peuvent inciter le subconscient à agir en provoquant des réactions et des réponses à ce qui est dit.
- Les mots de pouvoir hypnotiques peuvent définir le contexte pour l'individu, qui peut ensuite guider et diriger ses pensées, ses sentiments, ses actions et ses comportements.
- L'outil le plus important d'un hypnotiseur conversationnel est les mots utilisés pour transmettre son message, car ils ajoutent de la profondeur, du sens et du contexte à ce qui est dit.

Dans le chapitre suivant, vous découvrirez les techniques d'ancrage de la PNL.

CHAPITRE DIX :

Techniques d'ancrage persuasives de la PNL

Ancrage interprété

L'ancrage est une technique PNL utile que le praticien PNL peut utiliser pendant une session pour induire un état d'esprit, une émotion ou un sentiment spécifique chez le client. Avec l'ancrage, il utilise un toucher, un mot ou un mouvement particulier pour permettre au client de se souvenir du sentiment désiré maintenant et plus tard. Une autre façon de voir l'ancrage PNL est qu'il est similaire à la mise en signet d'un site Web spécifique ou d'un endroit dans un livre pour y revenir plus tard. La seule différence est qu'au lieu d'utiliser le navigateur ou la page web pour identifier la destination souhaitée, le praticien PNL utilise des mots et le toucher pour signifier le résultat souhaité, que ce soit un sentiment ou un état d'esprit. En bref, l'ancrage PNL est similaire à l'ancrage dans un sentiment ou un état d'esprit désiré en l'associant à quelque chose dans l'environnement externe, comme un toucher, un objet ou un mot, afin que la personne puisse le ressentir à nouveau.

Définir l'ancrage

L'**ancrage PNL** est plus distinctement défini par Mind Tools comme "le processus de liaison d'une réponse interne avec un déclencheur externe ou interne, de sorte que la réponse peut être convoquée rapidement [à nouveau plus tard]" (2019). C'est presque comme si un magicien pouvait faire apparaître un état d'esprit souhaité en claquant des doigts. En réalité, l'ancrage est utile à la pratique de la PNL car il peut mettre la personne dans le bon état d'esprit pour subir des techniques PNL encore plus thérapeutiques. Par conséquent, l'ancrage aiderait la personne à atteindre ses objectifs initiaux et les résultats souhaités. L'ancrage PNL est propice à la mise en place du contexte lors d'une session PNL et à la persuasion de l'individu à entreprendre une action particulière. Si je devais utiliser cette technique sur moi-même, je pourrais ancrer le sentiment de calme à l'action de prendre une profonde respiration, ce qui me rendrait plus susceptible de me rappeler ce sentiment après avoir pris une profonde respiration lorsque je suis tendu. Comme vous pouvez le constater, l'ancrage PNL peut être très utile dans de nombreuses situations et contextes.

Contexte et histoire de l'ancrage PNL

L'ancrage PNL a un passé et une histoire intéressants. Le développement de l'ancrage PNL est comparé à la célèbre expérience d'Ivan Pavlov sur le conditionnement classique, dans laquelle il a conditionné des chiens à saliver lorsqu'ils entendaient le son d'une cloche. Plus précisément, si l'on induit constamment une réponse comportementale avec un stimulus conditionné alors qu'un autre stimulus (neutre/non conditionné) est présent, la réponse et le stimulus non conditionné finiront par être corrélés, créant ainsi un stimulus conditionné. Après un certain temps, la réponse comportementale ne nécessitera plus le stimulus conditionné d'origine pour que le nouveau stimulus provoque cette réponse comportementale. Pour en revenir à l'expérience principale de l'origine, les chiens de Pavlov ont été conditionnés de manière classique pour s'attendre à recevoir de la nourriture après avoir entendu la sonnerie d'une cloche, et ils ont finalement commencé à saliver chaque fois qu'ils entendaient la cloche. De même, une personne suivant une thérapie PNL peut être conditionnée de manière classique à donner une réaction comportementale lorsqu'un stimulus se matérialise, comme un toucher, un mot ou un mouvement. Après un certain temps, l'individu associera ce toucher, ce mot ou ce mouvement à l'état d'esprit souhaité sans l'aide du praticien PNL. L'ancrage PNL est une forme subtile de conditionnement classique, dans lequel les réactions ou les réponses deviennent automatiques et réflexes après un certain temps.

Cette réponse automatique conditionnée via l'ancrage a été mentionnée pour la première fois dans le livre de Bandler et Grinder intitulé *Frogs into Princes* (1979). Ce livre est essentiellement un mode d'emploi décrivant les techniques d'ancrage et la manière dont elles peuvent apporter des changements positifs dans nos vies. Le livre est basé sur l'utilisation magistrale de l'ancrage par Milton Erickson, en particulier avec le système auditif, pour améliorer la vie de ses clients. Erickson utilisait son timbre vocal pour induire des transes chez ses clients et créer des changements humains de manière innovante. On pourrait dire qu'Erickson est aussi le père de l'ancrage, bien que Pavlov ait pu l'influencer dans une certaine mesure.

La pertinence de l'ancrage dans la vie quotidienne et le marketing

La pertinence de l'ancrage PNL aujourd'hui est qu'il apparaît constamment dans nos vies quotidiennes et à travers tous les aspects, comme dans les domaines de la carrière marketing. Une des façons dont l'ancrage PNL est utile est qu'il peut nous conditionner à répondre de manière plus appropriée à une situation, un événement ou un stimulus dans nos vies. Par exemple, si vous avez l'habitude de répondre à la faim en attrapant la malbouffe la plus pratique que vous pouvez trouver, essayez de vous ancrer pour répondre à la faim de manière plus appropriée en ayant déjà des en-cas plus sains à portée de main. Au début, il peut être difficile de s'entraîner ou de se conditionner à réagir de manière plus saine à des situations ou des événements stimulants, mais avec suffisamment de temps et de pratique, l'ancrage peut améliorer votre vie en vous donnant des moyens plus sains de faire face et de gérer toute situation.

L'ancrage PNL est également utile dans le domaine du marketing, car les produits et services peuvent être commercialisés par le biais de stimuli qui rappellent un comportement et leur produit ou service. Par exemple, les arcs dorés de McDonald's pourraient vous inciter à manger un de leurs cheeseburgers, en raison de la présence des arcs dorés qui vous rappellent leurs produits et le comportement de manger. McDonald's a vendu ses produits à de nombreuses reprises avec ce logo. Un autre exemple serait l'utilisation du personnage de Mayhem dans les publicités d'Allstate diffusées à la télévision. Pour expliquer, le comportement imprudent de Mayhem dans les publicités Allstate est le stimulus qui vous donne envie d'acheter une assurance Allstate, "pour que vous puissiez être mieux protégé comme moi". L'ancrage du comportement imprudent à un personnage comme Mayhem nous rappelle la nécessité de l'assurance, étant donné l'association de Mayhem à Allstate et au comportement humain. En conséquence, l'assurance Allstate a encore mieux réussi à vendre ses produits aux consommateurs. En conclusion, l'ancrage peut être utilisé dans une variété de contextes et pour une variété de raisons.

Réaction du cerveau à l'ancrage

Selon une étude réalisée à l'université Rutgers, le processus d'ancrage dans notre cerveau peut être décrit comme suit :

L'engagement des régions corticales précédemment liées aux fonctions de régulation émotionnelle peut être significatif pour renforcer ou maintenir les sentiments agréables pendant la réminiscence positive, atténuant ainsi la réponse physiologique au stress. Par conséquent, le rappel de souvenirs heureux suscite des sentiments positifs et améliore le bien-être, ce qui suggère une fonction adaptative potentielle dans l'utilisation de cette stratégie pour faire face au stress.

(James, 2017)

En d'autres termes, ce qui se passe dans le cerveau pendant l'ancrage est un processus par lequel le cerveau contourne le stress en utilisant des pensées et des souvenirs positifs pour susciter des sentiments positifs. Cela peut également être dû au fait que les parties émotionnelles et mémorielles du cerveau sont très proches les unes des autres via l'hippocampe et l'amygdale. La neuroscience de l'ancrage est très instructive et permet aux praticiens de la PNL et aux gens ordinaires de transformer efficacement le stress en associations et résultats plus positifs.

Étapes des techniques d'ancrage de la PNL

Des résultats positifs peuvent être obtenus avec les techniques d'ancrage de la PNL car elles induisent un état d'esprit positif chez l'individu. De plus, la technique d'ancrage classique de la PNL n'est pas vraiment difficile, et n'importe qui, du commun des mortels au vendeur en passant par le praticien PNL qualifié, devrait être capable de la réaliser. Cependant, l'ancrage PNL doit être effectué avec le plus grand soin, la plus grande considération et le plus grand respect pour l'individu, comme pour l'hypnose. La personne peut être ancrée en suivant quelques étapes simples :

- **Première étape - Observer** l'état d'esprit qui s'installe chez l'individu.
- **Deuxième étape - Établissez** l'ancre en appliquant le toucher sur une partie du corps de la personne, comme le bras.
- **Troisième étape - Le praticien** maintient l'ancrage aussi longtemps que l'état atteint son point culminant, généralement 20 à 30 secondes.
- **Quatrième étape - Le praticien** teste l'ancre en appliquant le même toucher à la même partie du corps, de la même manière que précédemment.
- **Sixième étape : observez** le client pour voir si le même état se produit lorsque le toucher est appliqué.

La pratique de l'ancrage PNL peut être très efficace pour provoquer un changement chez l'individu, car elle lui permet de développer des mécanismes d'adaptation améliorés et des ressources internes pour faire face aux événements et situations externes. Par exemple, une petite tape dans le dos peut susciter un état d'esprit positif qui m'aide à faire face plus efficacement aux situations difficiles. J'ai appris à associer une tape dans le dos à un état d'esprit positif et à des mécanismes d'adaptation grâce à l'ancrage PNL.

Quand utiliser l'ancrage PNL

L'ancrage est souvent utilisé lorsque l'individu veut attirer, séduire, tenter ou autrement amener une personne à un état d'esprit ou une action spécifique qui conviendrait à son programme. Par exemple, si je voulais vous inciter à acheter un de mes bracelets en perles, je vous demanderais de me raconter un souvenir heureux. Pendant que vous vous souvenez de ce souvenir, j'utiliserais un geste ou un toucher particulier pour vous ancrer ou vous ancrer dans ce souvenir heureux et les émotions qui y sont associées. Ainsi, vous serez plus enclin à acheter mes bijoux en perles, car des sentiments heureux sont associés au geste et à ma personne. Par conséquent, vous associerez ces sentiments heureux à votre présence auprès de moi maintenant, en raison du transfert de ces sentiments de votre personne à la mienne. C'est une ruse qui peut escroquer à l'individu les sentiments heureux associés au souvenir, à moins qu'il ne les associe à l'individu qui fait l'ancrage.

Processus d'ancrage de la PNL

Le processus d'ancrage peut sembler assez simple, mais il y a une science pour le faire correctement. Par exemple, l'individu doit accéder complètement à l'état d'esprit avec clarté, sinon l'ancrage devient moins efficace. En outre, le praticien PNL doit observer attentivement son client pour remarquer le moment où cet état d'esprit est le plus fort, sinon l'ancrage ne fonctionnera pas. L'ancrage peut échouer s'il y a moins d'émotion ou un manque d'état d'esprit auquel l'associer. La troisième étape du processus d'ancrage exige du praticien PNL qu'il rompe l'état en retirant le toucher ou le mot. Cela doit être fait avec précaution car la personne qui sort de cet état spécifique peut être un peu désorientée. La dernière étape, mais non la moindre, est la quatrième étape du processus d'ancrage, qui consiste à tirer sur l'ancre pour la tester. Cela signifie que le praticien PNL doit utiliser le même toucher ou mot pour initier l'état d'esprit à nouveau pour voir si cela fonctionne. Le praticien PNL doit être parfait lorsqu'il teste l'ancre, sinon l'individu n'aura pas l'impression qu'elle est naturelle. Rappelez-vous que les quatre étapes du processus d'ancrage sont les suivantes :

- Amenez l'individu à accéder à l'état d'esprit.
- Fournir un point d'ancrage en tant que sommet de l'État.
- Brisez cet état en vous désengageant.
- Testez à nouveau l'ancre pour voir si elle fonctionne.

Le processus d'ancrage est une opération délicate car des nuances dans le langage corporel, le ton de la voix et même le comportement peuvent perturber la tentative d'ancrage. C'est pourquoi le processus d'ancrage nécessite une congruence dans le langage corporel du praticien PNL. Les associations et les connexions établies à partir de l'ancrage en dépendent, car le praticien PNL peut alors paraître plus crédible aux yeux de l'individu.

Les différentes formes d'ancrage en PNL

Les différentes formes d'ancrage sont uniques et spécifiques à chaque situation individuelle. Par exemple, l'**empilement d'une ancre** est le cas où le praticien PNL demande à la personne d'accéder à de nombreuses expériences différentes qui suscitent le même état d'esprit, afin que le coach PNL puisse ancrer les expériences au même endroit (Carroll, 2013). Cette stratégie est utile car elle aide le client à apprendre à gérer efficacement ces expériences en les liant toutes ensemble. Cette technique pourrait aussi bien fonctionner pour gérer les expériences négatives.

Une autre forme d'ancrage est l'effondrement des ancres. Le coach PNL aide le client à acquérir un état de ressource alors qu'il n'en avait pas auparavant, en raison d'un contexte dans lequel le client n'avait pas de choix. Ceci est réalisé en ancrant l'état d'esprit sans ressources à un endroit particulier, tandis que l'état de ressources est ancré à un endroit différent. Il est utile d'avoir deux ancres différentes représentant divers états sur différents côtés du corps, car il sera plus facile de transformer l'état sans ressources en état avec ressources. Pour ce faire, il suffit de déclencher les deux ancres indépendantes en même temps, puis de relâcher l'ancre sans ressources avant l'ancre avec ressources. Le coach PNL peut alors tester la force de l'ancre pleine de ressources en la déclenchant. Si la réponse est la même qu'avant, lorsque l'ancre pleine de ressources a été lancée, alors le coach PNL a réussi à créer un état plein de ressources pour le client.

La troisième forme d'ancrage est le chaînage d'ancres. L'**enchaînement des ancres** se produit lorsque l'état sans ressources est trop grand pour être effondré, ce qui rend nécessaire la création d'un état intermédiaire semblable à un pont entre l'état de départ et l'état d'arrivée. Si les ancres sont enchaînées correctement, l'une d'entre elles mènera à la suivante lorsqu'elle sera activée, permettant ainsi au client de construire un pont ou un lien entre différents états. Cela est utile au client car cela peut conduire l'individu à l'état désiré, en particulier lorsque les états sont très différents les uns des autres.

Une autre forme d'ancrage est l'ancrage glissant. Les **ancres coulissantes** sont nécessaires lorsque le praticien ou le coach PNL doit calibrer l'intensité de l'état de l'individu sans les empiler ; la méthode qui a été décrite précédemment. Par exemple, une ancre coulissante dépendra du point de contact du praticien PNL, correspondant à l'intensité de l'état d'esprit de la personne. Ceci est utile à l'individu car les sentiments forts ou accablants peuvent être contrôlés ou manipulés jusqu'à la force désirée par le client.

Enfin, les ancres spatiales. Les **ancres spatiales** peuvent être manipulées ou contrôlées sans le toucher ; le praticien PNL ou le coach le fait dans l'espace. Par exemple, pour imiter ou représenter l'empilement des ancres, le praticien PNL accède à l'état de ressource de manière répétée en entrant physiquement dans l'espace d'ancrage désigné. Parfois, cela peut aider le client à voir une représentation physique pour comprendre le processus d'ancrage lui-même.

Techniques d'ancrage de la PNL dans la vente

Les techniques d'ancrage dans la vente évoquent des réponses spécifiques, qui conduisent ensuite à la conclusion de la vente au moyen d'un ancrage ou d'un déclencheur, produisant une réponse chez l'individu. Cette ancre ou ce déclencheur peut être un mot spécifique ou un toucher qui persuade l'individu d'acheter votre produit ou service. Par exemple, si j'utilise le fait de vous serrer la main pour me présenter lorsque je vends des biscuits de scouts, je peux vous inciter à les acheter avec un sourire et une conversation persuasive. En outre, certaines techniques d'ancrage plus spécifiques à la vente incluent l'utilisation d'ancres spatiales, l'élicitation de l'état d'ancrage, la chaîne d'ancrage et l'ancrage du prix.

La première technique de vente par ancrage utilise des actions et des gestes physiques pour évoquer des réponses émotionnelles et surmonter les objections. Par exemple, je pourrais pénétrer dans votre espace personnel et vous sourire pendant que j'essaie de vous vendre mon produit. En fait, l'utilisation d'**ancrages spatiaux** pour surmonter les objections à la vente me rappelle les vendeurs du centre commercial qui tentent d'envahir votre espace personnel pour vous vendre un produit. En effet, lorsque vous essayez de passer devant eux, ils commencent parfois par envahir votre espace personnel pour vous donner un échantillon de ce qu'ils essaient de vendre ; ils peuvent essayer de vous vaporiser un parfum ou une eau de Cologne pour vous faire surmonter vos objections à l'achat, par exemple.

La deuxième technique de vente par ancrage, l'**élicitation d'état**, relie un objet physique à un état émotionnel. Par exemple, je pourrais relier la télécommande à l'intérêt que je porte à regarder mes émissions préférées à la télévision. En reliant la télécommande à l'excitation de regarder Star Trek, je peux évoquer cet état émotionnel en présentant simplement la télécommande. Un autre exemple est l'utilisation de ma tasse à café au travail, car je peux la relier au sentiment de productivité (étant donné la caféine). En voyant simplement la tasse de café, un sentiment de productivité résonne en moi et je travaille plus efficacement.

La troisième technique de vente par ancrage est l'utilisation d'une **chaîne d'ancrage**, qui consiste à faire passer un public d'un état à un autre en utilisant des ancres spatiales. Par exemple, je pourrais associer des états émotionnels à des ancres spatiales et passer de l'une à l'autre lorsque je souhaite que mon public change d'état d'esprit. Un pas vers la droite pourrait indiquer la compréhension, tandis qu'un pas vers la gauche pourrait indiquer l'accord.

La quatrième technique de vente par ancrage est l'**ancrage par le prix**, qui consiste à comparer le prix d'un produit à celui d'un autre, plus cher, pour vous convaincre d'acheter le produit le plus cher. Par exemple, "Les ordinateurs portables similaires se vendent à 300, 400, voire 500 dollars ! Mais vous pouvez obtenir cet ordinateur portable pour seulement 199,99 $!" Les consommateurs penseront qu'ils font une bonne affaire parce que le prix est ancré plus haut que le prix de vente. En conclusion, les techniques de vente par ancrage peuvent être très efficaces pour vous inciter à acheter un produit ou un service vendu.

L'art de l'ancrage et du contrôle mental

L'ancrage et le contrôle de l'esprit nécessitent l'utilisation de modèles linguistiques pour agir comme des déclencheurs ou des ancres qui influencent et contrôlent nos réponses, ce qui nous incite également à faire des choses à notre insu, sans notre consentement ou notre conscience. Cela est dû en partie au fait que ces ancrages linguistiques ont été conditionnés dans notre esprit dès la naissance, ce qui rend difficile pour l'individu moyen de les discerner et d'identifier les réactions qu'ils provoquent. Par exemple, le mot "non" peut servir d'ancre ou de déclencheur d'expériences, d'associations et d'états d'esprit négatifs. Quoi qu'il en soit, le contrôle de l'esprit par l'ancrage de modèles linguistiques peut également influencer notre vie de manière bénéfique.

L'ancrage utilisé pour attirer les femmes

Attirer une femme grâce à l'ancrage peut être une entreprise nuancée, qui dépend de certaines variables telles que la personnalité, l'état d'esprit, le contexte, la compatibilité et le fait que vous lui plaisiez ou non au départ. En fait, l'utilisation de l'ancrage pour attirer une femme ne fonctionnera pas si aucune de ces variables n'est en place. S'il existe une attirance mutuelle, alors l'ancrage aura plus de chances de réussir dans ce domaine. Les deux types d'ancrage les plus utilisés pour attirer et garder une femme sont l'ancrage émotionnel et l'ancrage des attentes. Nous en parlerons plus en détail dans les sections suivantes.

On parle d'**ancrage émotionnel** lorsqu'une femme est conditionnée à ressentir des émotions spécifiques relatives à vous, à un objet ou à une situation. En d'autres termes, l'ancrage émotionnel est lorsque la femme associe les émotions qu'elle ressent à vous chaque fois qu'elle est en votre présence (Amante, 2020). Par exemple, si une femme vous rencontre lors d'un festival, alors elle commencera probablement à associer avec vous les sentiments d'excitation qu'elle a eus lorsqu'elle vous a rencontré dans ce contexte spécifique. En revanche, si une femme vous rencontre à la bibliothèque pendant la journée, elle pourrait associer à vous des sentiments plus calmes. Savoir cela peut être utile pour fixer un rendez-vous avec elle, car elle sera plus encline à vouloir vous revoir si l'ancre correspond.

Comme mentionné, le deuxième type d'ancrage utilisé pour attirer une femme est l'ancrage d'attente. L'**ancrage des attentes** consiste à ancrer en vous une attente, de sorte que la femme puisse s'y attendre ou l'associer à vous. Par exemple, si vous lui dites : "Nous devrions prendre un café un jour", elle s'attendra probablement à un rendez-vous avec vous dans un avenir proche. En outre, il est normal d'augmenter ou de diminuer les attentes en fonction de la situation. L'ancrage des attentes peut déterminer le cours d'une relation car "toute attente que vous ancrez chez elle est ce qu'elle va attendre de vous" (Amante, 2020). En conclusion, vous pouvez utiliser l'art de l'ancrage pour attirer une femme, si les conditions sont réunies.

Ancrage utilisé dans les ventes

Pour utiliser l'ancrage dans la vente, le vendeur doit entreprendre quelques actions pour conclure l'affaire. Ces actions peuvent faire en sorte que les ancrages choisis travaillent pour le vendeur (Woodley, n.d.) :

- Convaincre l'individu de ressentir l'émotion appropriée.
- Assister l'individu dans cette émotion, peut-être en l'amplifiant.
- Attacher un point d'ancrage - comme un lieu, un ton de voix ou un mouvement - à l'émotion.
- Orienter la conversation loin du sujet principal vers d'autres sujets.
- Utiliser l'ancre au bon moment pour recréer l'expérience émotionnelle que vous souhaitez faire vivre à votre client.

L'ancrage utilisé dans la vente peut être efficace car il lie les émotions à l'ancre spécifique, qui persuade ensuite l'individu et l'amène à conclure l'affaire. C'est évidemment bon pour les affaires. C'est la pratique de l'ancrage dans la vente qui détermine si une entreprise prospère ou survit simplement.

Résumé du chapitre

Dans ce chapitre, vous avez tout appris sur l'ancrage. Vous avez appris sa définition, son histoire et sa pertinence dans la vie quotidienne et le marketing. En outre, vous avez appris comment et quand utiliser l'ancrage PNL. Il est également important de noter le processus d'ancrage lui-même, ainsi que ses différents formats. Enfin, vous avez appris l'art de l'ancrage et du contrôle mental via ses applications pour attirer les femmes et augmenter les ventes. Pour vous rafraîchir la mémoire, voici les points clés de ce chapitre :

- L'ancrage PNL est similaire à l'ancrage d'un sentiment ou d'un état d'esprit souhaité en l'associant à quelque chose dans l'environnement externe, comme un toucher, un objet ou un mot, afin que vous puissiez le ressentir à nouveau.
- L'ancrage PNL est similaire au conditionnement classique.
- L'ancrage PNL est utile au marketing car les produits peuvent être commercialisés par l'utilisation d'un stimulus pour rappeler un comportement associé à ce stimulus et au produit ou service.
- L'ancrage PNL peut être efficace pour susciter le changement chez un individu car il permet à la personne de développer des mécanismes d'adaptation améliorés et les ressources internes pour faire face aux événements et situations externes.
- L'ancrage est souvent utilisé lorsque l'individu veut attirer, séduire ou tenter quelqu'un dans un état d'esprit ou une action spécifique qui convient à son programme.
- Les quatre étapes du processus d'ancrage sont les suivantes :
  o Amenez l'individu à accéder à cet état d'esprit.
  o Fournir un point d'ancrage en tant que sommet de l'État.
  o Désengagez pour briser cet état.
  o Testez à nouveau l'ancre pour voir si elle fonctionne.
- Les différentes formes d'ancrage comprennent :
  o Ancrages superposés.
  o Ancres qui s'effondrent.
  o Chaîner les ancres.
  o Ancres coulissantes.
  o Ancres spatiales.
- L'utilisation de l'ancrage émotionnel et des attentes peut aider à attirer les femmes.
- L'ancrage utilisé dans la vente est efficace parce qu'il lie les émotions à l'ancre spécifique, qui persuade et conduit ensuite l'individu à conclure l'affaire.
- Les techniques d'ancrage dans la vente évoquent des réponses spécifiques, qui conduisent ensuite à la conclusion de la vente par le biais d'un ancrage ou d'un déclencheur, produisant une réponse chez l'individu.

- Les quatre techniques de vente d'ancrage sont :
    - Ancres spatiales.
    - Élicitation de l'état d'ancrage.
    - Ancres de chaîne.
    - L'ancrage des prix.
- L'ancrage dans les ventes implique :
    - Convaincre l'individu de ressentir l'émotion appropriée.
    - Assister l'individu dans cette émotion, peut-être en l'amplifiant.
    - Attacher un point d'ancrage, comme un lieu, un ton de voix ou un mouvement, à l'émotion.
    - Orienter la conversation loin du sujet principal vers d'autres sujets.
    - Utiliser l'ancre au bon moment pour recréer l'expérience émotionnelle que vous souhaitez faire vivre à votre client.

Dans le chapitre bonus, vous découvrirez d'autres techniques de PNL que tout le monde peut utiliser.

CHAPITRE ONZE

Chapitre bonus - Plus de techniques PNL suggestives

La PNL pour les entreprises

L'introduction de la PNL dans de nombreuses entreprises a créé un degré de réussite plus élevé car elle apprend aux hommes d'affaires à devenir de meilleurs communicateurs, apportant ainsi plus de clients, de ventes et de bénéfices. La pratique de la PNL dans les entreprises permet à l'entreprise elle-même de prospérer car la productivité augmente lorsque les gens peuvent communiquer plus efficacement. En outre, le fait de pouvoir communiquer plus efficacement permet de transmettre le message de la marque avec plus d'emphase aux prospects potentiels.

Selon Lenka Lutonska, la PNL est comme un " mode opératoire normalisé pour l'esprit, permettant une communication progressive, qui fournit des applications dans le leadership, le marketing et les ventes " (Barratt, 2019). Cette communication progressive peut alors conduire les entreprises prospères à connaître des rendements supérieurs à la plupart. En d'autres termes, il est payant d'apprendre à devenir un communicateur plus efficace, ce qui est nécessaire sur le marché des affaires d'aujourd'hui, en raison de la concurrence accrue, de l'informativité d'Internet, de la communication en ligne et de la publicité.

Les trois meilleures astuces PNL faciles à mettre en œuvre dans une entreprise

Une communication efficace commence par l'apprentissage de quelques solutions de communication simples qui peuvent transformer votre entreprise en une entreprise plus prospère à terme. Ces solutions et compétences impliquent d'apprendre à s'exprimer de la même manière que votre client, de voir les choses d'un point de vue différent et de revoir vos croyances pour examiner leur pertinence par rapport à la situation. La première compétence, qui consiste à apprendre à adopter le même langage que votre client, est très utile car le client se sentira non seulement mieux compris, mais aussi plus disposé à acquiescer à vos demandes commerciales. Une fois que vous connaissez le système de représentation préféré du client, parlez et articulez de la même manière. Par exemple, si votre client s'exprime de manière plus visuelle, essayez d'utiliser des diagrammes pour faire passer votre message.

La deuxième compétence, qui consiste à voir les choses d'un point de vue différent, est utile aux entreprises, car elle permet au professionnel de se détacher de la situation, car il est plus objectif de voir la situation telle qu'elle est. Par exemple, lorsque le professionnel qui fait une présentation peut voir les choses du point de vue de l'auditoire, l'homme d'affaires a plus de chances de se placer dans l'état d'esprit d'un observateur objectif. Cela peut alors permettre d'améliorer les lancements de produits, les conversations de vente et même les présentations.

La troisième compétence, qui consiste à passer en revue vos croyances et à examiner leur pertinence, est également importante car elle permet à l'homme d'affaires de surmonter ses hypothèses limitées en identifiant d'abord la croyance pour la déconstruire. Dans le cas contraire, les croyances et hypothèses limitatives peuvent affecter négativement notre bien-être et, par conséquent, nos performances en affaires et dans d'autres domaines de la vie. Cela nécessite encore plus de techniques PNL pour aider à changer ces croyances en quelque chose de plus constructif et bénéfique. Il est clair qu'une communication efficace avec ces trois solutions aidera votre entreprise à devenir plus performante.

Modèle de langage pour contourner l'objection

L'utilisation de modèles de langage spécifiques pour contourner la résistance, en particulier dans le domaine de la vente, est incroyablement utile pour réussir dans toute entreprise. L'astuce consiste à comprendre la motivation derrière l'objection, le choix ou l'action ; plus précisément, si vous pouvez comprendre les croyances de l'individu qui l'amènent à penser, parler ou agir d'une manière spécifique, vous pouvez alors comprendre ce qu'il dit dans une conversation, et même l'inverser si nécessaire. Par exemple, si April, la vendeuse, essaie de vendre son produit et qu'elle entend une objection de la part de l'acheteur potentiel, elle essaiera simplement de découvrir la motivation derrière l'objection en s'interrogeant sur les croyances de l'acheteur potentiel qui l'amènent à penser, parler ou agir de cette façon. Il est clairement utile d'apprendre le motif ou la vérité sous-jacente du commentaire, du comportement ou de la croyance.

En outre, reconnaître cet aspect peut vous permettre de présenter l'information différemment en la reformulant pour l'adapter à la motivation de l'objection. Par exemple, au lieu d'avoir l'air de vous confronter en sautant directement à la question, essayez de reformuler la question ou la phrase de manière non menaçante et vérifiez à nouveau votre compréhension. Vous pouvez vous demander : "Puis-je vérifier que j'ai bien compris ?", puis entrer dans le vif du sujet, peut-être en faisant une comparaison suggérant qu'il serait moins difficile de changer la situation que de la laisser inchangée, compte tenu des conséquences. Cela permet également à l'homme d'affaires de vérifier sa solution par rapport à ce qu'il pense que le client potentiel fait ou ne fait pas.

La PNL dans la construction des relations

L'utilisation de la PNL dans la construction et le maintien des relations est précieuse et bénéfique pour les personnes impliquées car elle peut les aider à mieux communiquer et se comprendre. Lorsque les personnes dans une relation communiquent et se comprennent mieux, la relation elle-même s'améliore car la qualité de la connexion et des interactions augmente considérablement. C'est là que la PNL entre en jeu, car elle vous donnera un aperçu et des connaissances sur la façon dont l'esprit humain et le comportement qui en résulte fonctionnent pour s'affecter mutuellement. En d'autres termes, les techniques de la PNL peuvent faciliter la façon dont nous pensons, ressentons, réagissons, répondons et agissons dans les relations, ce qui peut ensuite contribuer à améliorer la communication au sein de celles-ci tout en les aidant à fonctionner plus harmonieusement.

Les techniques de la PNL permettent de construire et d'entretenir des relations, notamment en choisissant le bon partenaire, en écoutant votre partenaire, en établissant un rapport et en libérant votre passion ou vos émotions. Par exemple, choisir le bon partenaire pour vous-même devient plus facile lorsque vous avez conscience de votre propre carte interne et de votre système de représentation préféré, car la connaissance de soi peut vous aider à décider si la carte interne et le système de représentation préféré d'une autre personne sont compatibles avec les vôtres.

Il est très important d'écouter votre partenaire et d'entendre ce qu'il a à dire. Si vous écoutez ouvertement votre partenaire sans le juger, il peut se sentir mieux compris et validé, simplement parce que vous lui avez accordé votre attention et votre temps. Prendre le temps d'écouter peut aider la relation de diverses manières, car vous serez mieux à même de discerner le sens voulu du message, ce qui facilitera ensuite la relation.

La technique de la PNL consistant à établir un rapport avec le client est également utile pour établir et maintenir d'autres relations. En effet, elle permet d'obtenir la confiance, le soutien et l'assurance des personnes dans la relation, qu'elle soit romantique, platonique ou familiale. En outre, établir un rapport avec votre partenaire peut montrer que vous vous intéressez à lui, ce qui peut ensuite conduire à une relation plus profonde. Il est également important de noter que, puisque l'établissement d'un rapport suscite la confiance entre les personnes dans une relation, les murs ou les frontières personnelles peuvent disparaître, ce qui permet aux gens d'être eux-mêmes dans la relation.

Enfin, l'utilisation des techniques PNL dans les relations person-nelles peut aider à les construire et à les maintenir en apprenant aux per-sonnes dans la relation à libérer leurs émotions et leurs passions de manière sûre et saine. Par exemple, la technique de la PNL consistant à libérer une ancre kinesthésique peut maintenir une relation passionnante et rappeler aux personnes dans la relation à quel point elles sont prises en charge, appréciées et aimées.

Attirer un homme avec la PNL

Attirer un homme par l'utilisation de la PNL revient à l'entraîner à vous répondre de manière appropriée. Cette période d'entraînement peut impliquer l'amélioration des compétences en matière de communication et de séduction en utilisant des techniques de la PNL, telles que le miroir, afin d'accroître le rapport avec lui. Une autre technique de PNL qui peut attirer et séduire un homme consiste à lui parler délibérément de manière lente et rythmée, ce qui l'inciterait à écouter ce que vous avez à dire. Cette stratégie fonctionne car l'utilisation du ton de votre voix peut créer l'ambiance nécessaire à l'interaction. Certaines techniques PNL plus sub-tiles pour attirer un homme consistent également à faire correspondre vos sentiments aux siens lorsqu'il les exprime dans une conversation ou autre. Par exemple, s'il dit qu'il est heureux parce que c'est vendredi, vous pouvez sourire et dire quelque chose comme "La fin de la semaine de travail me rend heureuse aussi". L'ancrage est particulièrement précieux pour attirer un homme car, grâce à cette technique, vous pouvez l'amener à associer tout sentiment positif qu'il éprouve à votre présence, qu'il s'agisse d'un toucher, d'un regard ou d'un mot. En conclusion, attirer un homme en utilisant les techniques de la PNL peut être très efficace pour gagner son cœur.

NLP VAKOG Code du cerveau dans une relation amoureuse

La PNL peut aider les relations à s'épanouir et à prospérer car sa pratique est efficace pour amener les gens à se comprendre à un niveau plus profond, ce qui favorise ensuite les sentiments, les réactions, les réponses et les actions qui en découlent. La PNL peut également contribuer à faciliter les relations en comprenant votre propre système de représentation ou modalité sensorielle préférée et celle de votre partenaire lorsqu'ils communiquent avec vous. Par exemple, si votre partenaire utilise principalement un système visuel, il aura besoin de *voir* votre expression d'amour. Si vous êtes une personne à l'esprit kinesthésique, vous aurez besoin de *ressentir* l'amour pour le croire. Ces différentes modalités sensorielles peuvent être décrites en PNL comme " **le code du cerveau, V-A-K-O-G (visuel-auditif-kinesthésique-olfactif-gustatif)** " (Moghazy, 2018). Il est pertinent de connaître ce code car le fait de connaître ces modalités sensorielles peut vous aider à vous jumeler avec un individu qui a la même modalité sensorielle préférée, ou du moins qui est complémentaire. De même, le **modèle VAK de la PNL** représente les trois modalités de communication interpersonnelle dans lesquelles nous communiquons le langage de l'amour (Bundrant, s.d.). Le fait de savoir quelle modalité de communication interpersonnelle vous et votre partenaire préférez chacun peut contribuer à l'épanouissement de votre relation.

Libérer le pouvoir du subconscient dans les techniques de la PNL

Utiliser le pouvoir du subconscient en tangente avec les techniques de la PNL est essentiel car notre subconscient influence, manipule et contrôle tous les aspects de notre vie, des émotions aux pensées, en passant par les comportements. En outre, le subconscient agit comme un locus de contrôle qui guide votre esprit conscient, ce dernier communiquant ensuite en retour au subconscient. Bien que la communication soit bidirectionnelle, nous avons besoin de la partie consciente de l'esprit pour influencer la partie subconsciente, car elle vous aidera à influencer votre vie pour qu'elle aille dans le sens de vos objectifs.

Une façon d'influencer le subconscient pour qu'il améliore la vie est de purger le discours négatif sur soi et la peur ; vous pouvez accomplir cette tâche en utilisant les techniques du contre-pied ou du bouton de suppression. Selon Mayer, il est possible de **contrer** une pensée négative en la remplaçant par une pensée positive, ce qui aidera votre esprit à faire des associations positives plutôt que négatives (2018). En outre, la **technique du bouton de suppression** consiste à visualiser que vous appuyez sur un bouton de suppression dans votre esprit pour détruire la pensée négative. Ces deux techniques sont efficaces pour influencer le subconscient.

Une autre façon d'inciter le subconscient à être plus actif est d'apprendre à exploiter et à stimuler votre désir afin de l'utiliser pour réaliser vos rêves. Pour ce faire, vous pouvez utiliser la technique du brûlage de pont, les petites victoires ou la barre de progression, et les techniques de motivation. La **technique du "brûlage de pont"** est extrêmement utile car, en brûlant figurativement les ponts dans votre esprit, vous démantelez les ports sûrs et prévisibles à chaque extrémité du pont, ce qui vous conduit dans une seule direction : vers l'avant. La **technique des petites victoires** ou de la **barre de progression** permet à l'individu de suivre les petites victoires à la lumière d'objectifs plus importants, ce qui peut rendre votre processus motivant pour vous, surtout si vous pouvez voir la vue d'ensemble. La dernière **technique**, mais non la moindre, est la **technique de la motivation**, qui vous fait découvrir ce qui vous motive et peut vous donner l'énergie nécessaire pour travailler vers votre objectif (Mayer, 2018).

Le déblocage du subconscient est plus facile lorsque vous pouvez visualiser ou imaginer le résultat de l'objectif à l'avance. En effet, cela vous met dans l'état d'esprit de l'avoir déjà atteint, ce qui peut ensuite être efficace pour cultiver le désir de le faire en temps réel. Imaginez-vous en train de réussir, puis posez-vous les questions suivantes :

- Qu'est-ce que je fais ?

- Qu'est-ce que je porte ?
- Qu'est-ce que je dis et ressens ?
- Comment dois-je agir ?

Imaginer cette réalité vous guidera vers le résultat souhaité.

Certaines techniques supplémentaires pour débloquer le subconscient afin de réaliser vos rêves sont les **autosuggestions**, qui sont un moyen " d'introduire des pensées dans le subconscient " (Mayer, 2018). Prenons par exemple la technique du mantra et celle de la lecture à voix haute. La puissante **technique du mantra**, qui consiste à vocaliser ou à penser de manière répétée à un mantra positif comme " Je peux faire plus que ce que je pense ", est utile pour atteindre vos objectifs car plus vous le répétez, plus vous y croirez. Le pouvoir des mantras consiste à répéter vos objectifs, ce qui est excellent pour convaincre votre esprit. De même, en énonçant et en vocalisant vos objectifs plusieurs fois par jour, en les lisant à haute voix, vous renforcez votre désir d'atteindre l'objectif et le résultat souhaité. Plus il y a de techniques pour libérer le pouvoir du subconscient, mieux c'est !

Le pouvoir de l'autosuggestion dans la PNL

L'**autosuggestion** est une technique puissante de la PNL qui débloque le subconscient en amenant la personne à se présenter à elle-même les pensées dont elle a besoin pour atteindre ses objectifs. Nous le faisons tout le temps ; par exemple, je peux me dire que je dois me concentrer davantage sur la tâche à accomplir et, en retour, ma concentration augmentera. Une autre autosuggestion pourrait être de sourire davantage en vous disant de sourire à toutes les personnes que vous rencontrez. Les autosuggestions sont efficaces pour susciter l'état d'esprit désiré, de sorte que vous puissiez éventuellement atteindre votre objectif.

D'autres techniques d'autosuggestion sont celles que j'ai déjà mentionnées, notamment l'utilisation de la répétition et de la visualisation pour puiser dans votre programmation subconsciente auto-administrée. Une autre technique est l'utilisation d'affirmations. Les affirmations ou le discours positif utilisent le présent et sont formulées à la première personne pour permettre à l'individu de reprogrammer son esprit afin de penser de manière plus positive, ce qui peut ensuite guider son comportement dans des directions plus positives. Cette forme d'autosuggestion est évidemment bénéfique car l'état d'esprit de l'individu détermine son comportement et ses pensées, influençant ainsi sa vie.

L'autosuggestion peut être une forme puissante d'auto-hypnose si elle est utilisée correctement. Pour utiliser cette technique, il est d'abord important d'identifier ce que vous voulez changer, ce qui vous motivera et vous donnera un objectif à atteindre. La deuxième étape pour pratiquer l'autosuggestion consiste à vous détendre, car cela vous permettra d'être plus ouvert à la suggestion, en particulier à l'autosuggestion. La troisième étape consiste à croire en vous, car cela vous guidera vers des pensées et des résultats positifs, plutôt que l'inverse. La quatrième étape consiste à ressentir simplement vos émotions, car leur force influencera votre subconscient de manière bénéfique. La cinquième étape pour s'engager dans l'autosuggestion est de penser positivement, car cela amènera votre subconscient à répondre par des commandes positives auto-administrées. En d'autres termes, vous pensez, donc vous êtes. La sixième et dernière étape consiste à pratiquer constamment l'autosuggestion chaque fois que vous le pouvez, jusqu'à ce que vous ne fassiez plus qu'un avec elle. En conclusion, l'autosuggestion est une excellente technique pour reprogrammer votre esprit par l'auto-hypnose et créer des changements positifs.

Voici quelques autres formes d'autosuggestion (Wise Goals, n.d.) :

- Créez vos propres déclarations accrocheuses pour vous encourager à changer.
- Changer un mot dans l'autosuggestion pour le rendre plus gentil.
- Jouer au détective peut aider à faire la différence entre une opinion et un fait.
- Utiliser des souvenirs pour se remémorer le passé, créer des émotions positives et favoriser le changement.

L'autosuggestion peut vous aider à mettre en œuvre un état d'esprit de fixation d'objectifs car elle peut recadrer votre pensée en créant un état d'esprit ou un contexte différent à partir duquel vous pouvez travailler. Cela aidera finalement l'individu à se soutenir et à soutenir l'effort pour créer un changement positif. Un autre conseil important à retenir est que le discours intérieur positif améliorera vos performances lorsque vous vous efforcerez d'atteindre l'objectif et les résultats souhaités. En d'autres termes, vous serez motivé à faire de votre mieux pour atteindre vos objectifs. Le troisième conseil à retenir concernant l'autosuggestion est que la visualisation de l'objectif vous aidera à l'imaginer, ce qui en attirera la réalité dans votre vie (Sukhia, s.d.). Si vous pouvez le voir, vous pouvez y croire ! Il est également important de noter que les personnes puissantes ont le pouvoir d'apporter des changements positifs.

Réaligner le sens du vrai pouvoir en PNL pour un réel succès

Réaligner un sens du vrai pouvoir en PNL pour un réel succès implique d'amorcer l'esprit à considérer le meilleur de ce que la vie a à offrir en utilisant des motifs purs tels que l'amour, la compassion et l'empathie. D'autre part, l'utilisation de motifs égoïstes, comme le gain matériel, comme rationalisation pour la pratique de la PNL peut finalement perturber les lois naturelles de l'univers en créant un déséquilibre des ressources et du pouvoir. Cela ne servira qu'à affecter les mêmes intentions et motivations que vous émettez ; par conséquent, pour créer un véritable changement, nous devons incarner et personnifier des valeurs positives, telles que l'intégrité, afin de faire une réelle différence.

Résumé du chapitre

Dans ce chapitre, vous avez tout appris sur d'autres techniques de la PNL qui peuvent être appliquées et pratiquées dans une variété de situations et de contextes. Par exemple, la pratique et l'application des techniques de la PNL peuvent être utiles dans les affaires, les relations personnelles, et même pour vous-même. Pour vous rafraîchir la mé-moire, voici les points clés de ce chapitre :

- La PNL dans les entreprises peut être source de succès car elle enseigne aux gens comment devenir de meilleurs communica-teurs, ce qui permet d'attirer plus de clients, de ventes et de pro-fits.
- Les trois principales astuces de communication dans le monde des affaires via la PNL sont les suivantes :
  o Parler la même langue que votre client.
  o Voir les choses sous un angle différent.
  o Examiner vos croyances.
- Voici quelques modèles de langage pour contourner les objec-tions lors du marketing ou de la vente d'un produit :
  o Apprenez et comprenez le motif ou la vérité qui sous-tend le commentaire, le comportement ou la croyance.
  o Présentez l'information différemment en la reformulant pour l'adapter à la motivation de l'objection, du choix ou de l'ac-tion.
  o Vérifiez votre compréhension en reformulant la phrase, l'ex-pression ou le problème de manière non menaçante.
  o Faites une comparaison suggérant que changer la situation, au lieu de rester la même, serait moins difficile, étant donné les conséquences de rester la même selon l'objection.
- Les techniques de la PNL facilitent la façon dont nous pensons, ressentons et agissons dans les relations, ce qui peut contribuer à leur bon déroulement et améliorer la communication.
- Les techniques de la PNL aident à construire et à entretenir des relations :
  o Choisir le bon partenaire.
  o Écoutez votre partenaire.
  o Établir un rapport.
  o Libérer votre passion ou vos émotions.

- Attirer un homme grâce à la PNL revient à l'entraîner à vous répondre de manière appropriée via des techniques telles que le miroir.

- La PNL permet de faciliter les relations en comprenant le système de représentation ou la modalité sensorielle que vous et votre partenaire préférez lorsqu'ils communiquent avec vous.

- Comprendre le VAKOG (Visual-Auditory-Kinesthetic-Olfactory-Gustatory) peut aider votre vie amoureuse en vous aidant à comprendre quelle modalité sensorielle vous et votre partenaire préférez.

- Libérer le pouvoir du subconscient avec les techniques de la PNL est essentiel car le subconscient influence, manipule et contrôle tous les aspects de votre vie, des émotions aux pensées, en passant par les comportements.

- Les techniques de la PNL permettant de libérer le pouvoir du subconscient sont les suivantes :
  - Éliminer le discours négatif sur soi et la peur en utilisant les techniques de neutralisation ou de suppression.
  - L'exploitation et l'encouragement de votre désir de réaliser vos rêves se font par l'utilisation de la méthode du pont, des petites victoires ou de la barre de progression, et des techniques de motivation.
  - Visualiser ou imaginer le résultat de votre objectif à l'avance peut l'aider à devenir une réalité.
  - Les autosuggestions introduisent des pensées dans le subconscient :
    - Répétition.
    - Visualisation.
    - Créer vos propres déclarations accrocheuses.
    - Changer un mot dans l'autosuggestion pour le rendre plus gentil.
    - Jouer les détectives pour différencier les opinions des faits.
    - L'utilisation de souvenirs pour créer des émotions positives qui peuvent entraîner des changements positifs.

- L'autosuggestion aide à mettre en œuvre un état d'esprit de fixation d'objectifs car elle peut recadrer votre pensée en créant un état d'esprit ou un contexte différent à partir duquel vous pouvez travailler à la réalisation de vos objectifs et de vos rêves.
- Le réalignement d'un sens du vrai pouvoir dans la PNL pour un réel succès implique d'amorcer l'esprit à considérer le meilleur de ce que la vie a à offrir ; cela se fait en utilisant des motifs purs tels que l'amour, la compassion et l'empathie.

LE MOT DE LA FIN

Bien que l'utilisation de la PNL soit controversée, elle est également bénéfique pour toute personne qui décide de l'appliquer à sa situation. La PNL, ou programmation neurolinguistique, peut être utile dans les relations, les affaires et les personnes car sa pratique et son application peuvent créer des résultats positifs, quel que soit le contexte. Certaines influences environnementales peuvent affecter la pratique de la PNL, comme la rationalisation de son utilisation pour le gain personnel et le pouvoir. Malgré cela, la PNL peut nous aider à nous adapter efficacement aux nombreux environnements ou contextes dans lesquels nous nous trouvons en reprogrammant l'esprit pour qu'il se développe, progresse et évolue vers un instrument plus fonctionnel, grâce au pouvoir de suggestion, d'influence et de persuasion. En bref, la PNL est utile parce qu'elle peut changer notre façon de penser, de percevoir, de réagir et de répondre aux défis de la vie.

L'utilisation et la pratique conscientes de la PNL peuvent vous redonner le pouvoir en vous aidant à contrôler votre esprit et à obtenir des résultats favorables. En outre, la PNL peut vous aider à aligner vos programmes et vos croyances sur votre propre succès, et non contre lui. Par exemple, la pratique de l'auto-hypnose permet aux gens d'introduire des pensées constructives dans l'inconscient en utilisant des techniques spécifiques de la PNL, comme l'autosuggestion et l'ancrage. D'autres techniques de la PNL, comme les mots de pouvoir hypnotiques, peuvent stimuler le subconscient en induisant des réactions qui peuvent influencer directement nos pensées, nos comportements et nos sentiments. Il est également important de noter que la PNL encadre en raison de sa capacité à transformer l'esprit d'une personne en restructurant les liens du système limbique entre l'amygdale et l'hippocampe, modifiant ainsi également la réalité de la personne.

La science évolutive de la PNL s'avère utile dans des domaines tels que la psychologie, car elle produit des résultats tangibles avec la façon dont elle peut influencer, manipuler et contrôler les gens. Par exemple, selon Zaharia, Reiner et Schutz, dans une étude qui " a mesuré le niveau d'anxiété chez cinquante participants souffrant de claustrophobie, les scores d'anxiété ont significativement diminué après les sessions de PNL pendant l'examen IRM " (2015). Il est clair que la PNL produit des résultats efficaces et précieux dans une variété de contextes et de situations.

La puissance réelle de la PNL est évidente dans les sujets et les connaissances présentés tout au long de ce livre. Nous avons examiné comment elle peut être appliquée dans des applications et des exemples du monde réel. En faisant la lumière sur le sujet et la pratique de la PNL, vous êtes maintenant plus informé et prêt à agir vous-même pour améliorer votre vie, et celle de ceux qui vous sont chers. C'est à vous de décider de la manière dont vous utiliserez et appliquerez ces informations, mais j'opterais pour la prudence car la programmation mentale est une affaire sérieuse qui peut aussi potentiellement blesser, au-delà de ses propriétés curatives. Par exemple, les nombreux cultes qui profitent de l'individu par la manipulation et le subterfuge.

L'étude et la pratique des techniques de PNL présentées dans ce livre vous permettront de prendre le contrôle de votre propre vie tout en apprenant à exploiter la puissance de votre subconscient. Cela vous permettra d'influencer et de guider vos pensées, vos sentiments et vos comportements de manière plus constructive et avec plus de succès. En prenant le contrôle de votre propre esprit, les personnes aux intentions plus malveillantes seront moins susceptibles de vous manipuler et de vous contrôler également.

Le potentiel de la PNL pour améliorer les vies est illimité et sans limites. C'est en partie parce que la PNL est polyvalente et s'adapte à une variété de situations, de contextes et de personnes. En outre, la PNL elle-même est plus ouverte et moins structurée, ce qui permet des opportunités plus autodirigées, comme vous apprendre à penser de manière plus positive. Ce sont ces opportunités autodirigées qui vous permettent de prendre le contrôle de votre destin en choisissant de manipuler votre esprit et les manifestations extérieures de celui-ci. Une fois que vous avez fait ce choix, la PNL n'est plus un outil de manipulation, mais un moyen utile pour changer le cours de votre vie.

Votre vie changera une fois que vous serez plus ouvert à ses opportunités via la PNL, car vous comprenez maintenant que ce que vous faites affecte votre esprit, et que votre esprit affecte ce que vous faites. La nature bidirectionnelle et interdépendante de cette relation vous permet de vous concentrer en pleine conscience sur le présent et d'apprendre à prendre de meilleures décisions par la suite.

La PNL est un puissant outil de changement qui peut créer des réalités positives en induisant de nouvelles méthodes plus efficaces pour vous adapter et vous acclimater à votre environnement et aux événements. En changeant le contexte par la reprogrammation de votre esprit, vous pouvez changer l'image. Une perspective différente permet à nos pensées, nos comportements et nos sentiments d'évoluer vers une direction plus positive, au profit de nos objectifs et de la réalisation de nos rêves. C'est ce changement qui aide la PNL à guider sa réception en reprogrammant l'esprit pour qu'il réponde de manière plus appropriée à l'image elle-même.

Si vous voulez être un agent du changement, alors la PNL est le catalyseur pour y parvenir. Tout ce qu'il faut, c'est un peu d'intégrité, de compassion et d'empathie pour vous et pour tous ceux qui vous entourent. Cependant, pour faire face au changement de manière efficace, vous devez d'abord être ouvert au changement, et c'est là que la PNL peut vous offrir des outils pour y parvenir. Être ouvert à la suggestion, au changement et à l'influence peut grandement améliorer la trajectoire de votre vie ; une trajectoire dans laquelle vous n'êtes plus une victime des circonstances, mais un agent de changement habilité.

RESSOURCES

Amante, C. (n.d.). How to use anchoring to mesmerize women. *Girls Chase*. https://www.girlschase.com/content/how-use-anchoring-mesmerize-women

Anchoring. (2019). *NLP World*. https://www.nlpworld.co.uk/nlp-glossary/a/anchoring/

Anchoring: NLP technique (n.d.). *NLP Secrets*. https://www.nlp-secrets.com/nlp-technique-anchoring.php

Andriessen, E. (2010). The philosophy and ethics of neuro linguistic programming. *The Princeton Tri-State Center for NLP*. https://nlpprinceton.com/the-philosophy-and-ethics-of-neuro-linguistic-programming-nlp/

Babich, N. (2016). How to detect lies: Micro expressions. *Medium*. https://medium.com/@101/how-to-detect-lies-microexpressions-b17ae1b1181e

Bandler, R. (2009). Messing with your head: Does the man behind neuro-linguistic programming want to change your life - Or control your mind? *Independent*. https://www.independent.co.uk/life-style/health-and-families/healthy-living/messing-with-your-head-does-the-man-behind-neuro-linguistic-programming-want-to-change-your-life-1774383.html

Barratt, B. (2019). 3 basic NLP techniques to bring more success to your business. *Forbes*. https://www.forbes.com/sites/biancabarratt/2019/07/11/3-basic-nlp-techniques-to-bring-more-success-to-your-business/#17fd0b063078

Bass, M. (n.d.). 5 powerful auto suggestion techniques to take control of your life. *Mind to Succeed*. https://www.mindtosucceed.com/auto-suggestion-techniques.html

Basu, R. (2016). Frame control, stealing your mind back. *The NLP company*. http://www.thenlpcompany.com/case-study/stealing-your-mind-back/

Beale, M. (2020). NLP techniques: 85+ essential neuro linguistic programming techniques. *NLP Techniques: Neuro-Linguistic Programming Techniques*. https://www.nlp-techniques.org

Body language secret: How to spot a bored person. (n.d.). *Mentalizer Education*. https://mentalizer.com/body-language-secret-how-to-spot-a-bored-person.html

Bored body language. (n.d.) *Changing Minds*. http://changingminds.org/techniques/body/bored_body.htm

Bradberry, T. (2017). 8 ways to read someone's body language. *Inc*. https://www.inc.com/travis-bradberry/8-great-tricks-for-reading-peoples-body-language.html

Bundrant, H. (n.d.). What is neuro-linguistic programming - NLP - And why learn it? *iNLP*. https://inlpcenter.org/what-is-neuro-linguistic-programming-nlp

Bundrant, M. (n.d.). Controlling people: Nine subtle ways you give others too much power. *iNLP*. https://inlpcenter.org/everyone-tries-to-control-me/

Bundrant, M. (n.d.). Love languages of NLP - Using VAK to increase awareness. *iNLP*. https://inlpcenter.org/love-languages/

Bundrant, M. (n.d.). NLP eye movements: Can you tell when someone is lying? *iNLP*. https://inlpcenter.org/chunk/coaching-exercise-eye-accessing-cues-business-making-decisions-solving-problems-2/

Campbell, S. (2017). How to use autosuggestion effectively, the definitive guide. *Unstoppable Rise*. https://www.unstoppablerise.com/autosuggestion-guide/

Carey, D. (2017). Anchoring sales techniques. https://smallbusiness.chron.com/anchoring-sales-techniques-21435.html

Carey, T. (2015, August 23). The secret to controlling other people.. https://www.psychologytoday.com/us/blog/in-control/201508/the-secret-controlling-other-people

Carroll, M. (2013). NLP anchoring. https://www.nlpacademy.co.uk/articles/view/nlp_anchoring/.

Casale, P. (2012). NLP secrets. https://www.nlp-secrets.com/nlp-secrets-downloads/NLP Secrets.pdf

catherine. (2014, October 9). Introducing frames. *Mind Training Systems*. https://www.mindtrainingsystems.com/content/introducing-frames

Coordinate. (n.d.). In *Lexico*. Retrieved February 18, 2020 from https://www.lexico.com/en/definition/coordinate

Ellerton, R. (2008). Meta-model of Milton-model. http://asbi.weebly.com/uploads/4/4/7/7/4477114/ebook-milton-model-summary.pdf.

Ellerton, R. W. (2012). *Win-win influence: How to enhance your personal and business relationships*. Renewal Technologies Inc.

Elston, T. (2018). NLP training – The Milton model – Language for change. https://www.nlpworld.co.uk/nlp-training-the-milton-model-language-for-change/

Eng, D. (Ed.). (n.d.). Use NLP to attract a man. https://visihow.com/Use_NLP_to_Attract_a_Man

Eye accessing cues. (2019). *NLP World*. https://www.nlpworld.co.uk/nlp-glossary/e/eye-accessing-cues/

Firestone, L. (2016). Is your past controlling your life? *Psychology Today*. https://www.psychologytoday.com/intl/blog/compassion-matters/201611/is-your-past-controlling-your-life

Frame control: The big secret to starting fun conversations. (n.d.). *Your Charisma Coach*. http://www.yourcharismacoach.com/vault/frame-control-the-big-secret-to-starting-fun-conversations/

Frank, M. (2019). 25 secrets of influence and persuasion. *Life Lessons*. https://lifelessons.co/personal-development/nlpinfluencepersuasion/

Goldrick, L. (2013). Are covert manipulation techniques ethical? *Common Sense Ethics*. https://www.commonsenseethics.com/blog/immorality-of-covert-manipulation-techniques

Golden, B. (2017). Being controlled provokes anger. So does feeling controlled. *Psychology Today.* https://www.psychologytoday.com/intl/blog/overcoming-destructive-anger/201706/being-controlled-provokes-anger-so-does-feeling-controlled

Goodman, M. (2018). NLP practitioner notes. https://vadea.viaafrika.com/wp-content/uploads/2017/10/NLP-Practitioner-Training-Notes-MD-Goodman.pdf

Grinder, J. & St. Clair, C. B. (n.d.). Is the NLP "Eye Accessing Cues" model really valid? *Bradbury AC.* http://www.bradburyac.mistral.co.uk/nlpfax09.htm

Hall, M. (2010). The magic you can perform with reframing. *Neuro-Semantics: International Society of Neuro-Semantics.* https://www.neurosemantics.com/the-magic-you-can-perform-with-reframing/

Hartmann, T. (2018). NLP and the power of persuasion - Neuro-linguistic programming [Video file]. *YouTube.* https://www.youtube.com/watch?v=sPC2DKswfs0

Henger, K., & Byrne, L. (2019). How to tell if you've offended someone and what you can do to win them over again. *Now to Love.* https://www.nowtolove.co.nz/lifestyle/sex-relationships/body-language-how-to-tell-if-youve-offended-someone-win-them-over-again-suzanne-masefield-39815

Home. (n.d.). *Psychoheresy Aware.* https://www.psychoheresy-aware.org/nlp-ph.html

How the conscious and subconscious mind work together. (2015). *Mercury.* http://www.ilanelanzen.com/mind/how-the-conscious-and-subconscious-mind-work-together/

How you can read people's minds (But not in the way you think). (2017). *Daily NLP.* https://dailynlp.com/how-you-can-read-peoples-minds-but-not-in-the-way-you-think/

Hutton, G. (2017). Frame control exercises. *Mind Persuasion.* https://mindpersuasion.com/frame-control-exercises/

Hutton, G. (2018, June 6). Milton model. *Mind Persuasion.* https://mindpersuasion.com/milton-model/

Iliopoulos, A. (2015). The Russell Brand method - An impressive frame control strategy. *The Quintessential Mind.* https://thequintessentialmind.com/the-russel-brand-method/

InspiritiveNLP. (2008). John Grinder discusses what's ethical in NLP [Video file]. https://www.youtube.com/watch?v=3pFTMdq0v6Y

Jalili, C. (2019, August 21). How to tell if someone is lying to you, according to experts. *Time.* https://time.com/5443204/signs-lying-body-language-experts/

James, G. (2017, May 23). How to instantly reduce stress, according to brain scans. *Inc.* https://www.inc.com/geoffrey-james/how-to-instantly-reduce-stress-according-to-science.html

Laborde, G. (2008). Resist hypnosis and hypnotic conversations. *Influence Integrity.* https://influence-integrity.blogspot.com/2008/04/resist-hypnosis-and-hypnotic.html

Lawson, C. (2019, January 8). How to seamlessly break down someone's resistance during hypnosis with the non-awareness set. *Hypnosis Training Academy.* https://hypnosistrainingacademy.com/break-down-resistance-during-hypnosis/

Ledochowski, I. (2019, October 10). 15 incredibly effective hypnotic power words to ethically influence others - 2nd edition *Hypnosis Training Academy.* https://hypnosistrainingacademy.com/3-surefire-power-words-to-gain-power-and-influence-people-fast/

Ledochowski, I. (2019, January 8). 9 essential skills you must master before becoming a seriously skilled conversational hypnotist - 2nd edition. *Hypnosis Training Academy.* https://hypnosistrainingacademy.com/becoming-a-great-conversational-hypnotis

Lee, B. (2017, August 15). A weak handshake is worse than no handshake. *Lifehack.* https://www.lifehack.org/620939/body-language-deliver-memorable-handshake

Lips body language. (n.d.). *Changing Minds.* http://changingminds.org/techniques/body/parts_body_language/lips_body_language.htm

Louv, J. (2017). 10 ways to protect yourself from NLP mind control. *Ultra Culture.* https://ultraculture.org/blog/2014/01/16/nlp-10-ways-protect-mind-control

Martin. (2018). Using specifically vague language in your advertising. *Evolution.* https://www.evolution-development.com/specifically-vague-language-and-marketing/

Mask, T. (2019). 10 trance signals in covert hypnosis. *Hypnosis Unlocked.* https://www.hypnosisunlocked.com/10-trance-signals-in-covert-hypnosis/

Matsumoto, D., & Hwang, H. C. (2018). Microexpressions differentiate truths from liees about future malicious intent. *Frontiers in Psychology.* https://www.frontiersin.org/articles/10.3389/fpsyg.2018.02545/full

Mayer, G. (2018). Subconscious mind - How to unlock and use its power. *Thrive Global.* https://thriveglobal.com/stories/subconscious-mind-how-to-unlock-and-use-its-power/

Mcleod, A. (2015). Hot words & hot language. *Angus Mcleod.* https://angusmcleod.com/hot-words-hot-language

Methods of neuro-linguistic programming. (2019). In *Wikipedia.* https://en.wikipedia.org/wiki/Methods_of_neuro-linguistic_programming#Milton_model

Milton Model. (2018). *NLP World.* https://www.nlpworld.co.uk/nlp-glossary/m/milton-model/

Mind Tools Co. (2019). NLP eye accessing cues. *Mind Tools.* https://www.mindtools.co.th/personal-development/neuro-linguistic-programming/nlp-eye-accessing-cues/

Mind Tools Co. (2019, September 24). NLP anchoring - Feeling good for no reason. *Mind Tools.* https://www.mindtools.co.th/personal-development/neuro-linguistic-programming/nlp-anchoring/

MindVale. (2016). NLP hypnosis: how do NLP and hypnosis work together? *Medium.* https://medium.com/@mindvale/nlp-hypnosis-how-do-nlp-and-hypnosis-work-together-36e399aa5897

Moghazy, E. (2018). Understanding NLP for healthy relationships. *Marriage.com.* https://www.marriage.com/advice/mental-health/understanding-nlp-for-healthy-relationships/

Morris, M. (2017). What is NLP and how do I use it to create success? *Matt Morris.* https://www.mattmorris.com/what-is-nlp/

Muoio, D. (n.d.). Body talk: Talk to the hand – The body language of handshakes and hand gestures. *Arch Profile.* http://blog.archprofile.com/archinsights/body_language_handshakes_gestures

Newman, S. (2018). Why anyone would want to control you. *Psych Central.* https://psychcentral.com/blog/why-anyone-would-want-to-control-you/

NLP Dynamics. (n.d.). Eye accessing cues exercise. *NLP Dynamics.* http://www.distancelearning.academy/wp-content/uploads/2015/02/Eye-Accessing-Cues-Exercises.pdf

NLP Milton Model. (2019, May 17). *Excellence Assured.* https://excellenceassured.com/nlp-training/nlp-certification/milton-model

NLP skills: Reading eye accessing cues. (2019). *Daily NLP.* https://dailynlp.com/eye-accessing-cues/

NLP technique: Framing. (n.d.). *NLP Secrets.* https://www.nlp-secrets.com/nlp-technique-framing.php

NLP technique - Positive framing. (n.d.). *NLP Secrets.* https://www.nlp-secrets.com/nlp-technique-positive-framing.php

NLP technique: The history of NLP. (n.d.). http://www2.vobs.at/ludescher/Grammar/nlp_techniques.htm

NLP today. (n.d.). *NLP School.* https://www.nlpschool.com/what-is-nlp/nlp-today/

NLP values, trance words and politics (2015). *The NLP Company.* https://www.thenlpcompany.com/mind-control/nlp-values-and-politics/

Non verbal communication. (n.d.). *Maximum Advantage.* http://www.maximumadvantage.com/nonverbal-communication/non-verbal-communication-how-to-know-if-someone-is-bored.html

Palokaj, M. (2018). 23 body language tricks that make you instantly likeable. *Lifehack.* https://www.lifehack.org/316057/23-body-language-tricks-that-make-you-instantly-likeable

Parvez, H. (2015, May 14). Body language: Positive and negative evaluation gestures. *Psych Mechanics.* https://www.psychmechanics.com/positive-and-negative-evaluation/

Quantum-linguistics. (n.d.). *Neurochromatics.* https://www.neurochromatics.com/quantum-linguistics/

Radwan, F. (n.d.). Body language: In state of anxiousness. *2 Know Myself.* https://www.2knowmyself.com/body_language/body_language_anxious

Radwan, F. (n.d.). Body language: In state of unease, shyness, and defensiveness. *2 Know Myself.* https://www.2knowmyself.com/body_language/body_language_defensive_positio n

Radwan, F. (n.d.). Body language and micro gestures. *2 Know Myself.* https://www.2knowmyself.com/Body_language/body_language/micro_gestures

Radwan, F. (n.d.). Body Language & thinking. *2 Know Myself.* https://www.2knowmyself.com/body_language/body_language_evaluation

Radwan, F. (n.d.). 5 ways to hypnotize someone during a conversation. *2 Know Myself.* https://www.2knowmyself.com/5_ways_to_hypnotize_someone_during_a_conver sation

Radwan, F. (n.d.). Reading body language. *2 Know Myself.* https://www.2knowmyself.com/body_language/body_language_main

Radwan, F. A. R. O. (n.d.). Using body language to your advantage. *2 Know Myself.* https://www.2knowmyself.com/body_language/body_language_reverse

Radwan, M. F. (n.d.). How to convince someone to believe in anything. *2 Know Myself.* https://www.2knowmyself.com/Psychology_convincing_someone/Convincing_so meone_to_Believe_in_anything

Radwan, F. (n.d.). How to read people's minds (Learn how to read people). *2 Know Myself.* https://www.2knowmyself.com/body_language/Mind_Reading/knowing_what_ot her_people_are_thinking_of

Ready body language. (n.d.). *Changing Minds.* http://changingminds.org/techniques/body/ready_body.htm

Self-hypnosis and hypnotherapy. (n.d.). *SkillsYouNeed.com.* https://www.skillsyouneed.com/ps/self-hypnosis.html

7 most effective mind control techniques tips in NLP. (n.d.). https://www.mindorbs.com/article/7-most-effective-mind-control-techniques-tips-nlp

Sewdayal, Y. (2019). Controlling behavior: Signs, causes, and what to do about it. *Supportiv.* Behavior: Signs, Causes, and What To Do About It. https://www.supportiv.com/relationships/controlling-behavior-signs-causes-what-to-do

Smith, A. (2018). Introduction to NLP anchoring 8: Chaining anchors. https://nlppod.com/nlp-anchoring-chaining-anchors/

Smith, A. (2016). Framing and some commonly used frames in NLP. *Practical NLP Podcast.* https://nlppod.com/framing-commonly-used-frames-nlp/

Snyder, D. (2010). Anti-mind control - Building resistance to unethical persuasion and black hypnosis. *NLP Power.* https://www.nlppower.com/2010/07/04/anti-mind-control-building-resistance-to-unethical-persuasion-2/

Spector, N. (2018). Smiling can trick your brain into happiness - And boost your health. *NBC News*. https://www.nbcnews.com/better/health/smiling-can-trick-your-brain-happiness-boost-your-health-ncna822591

Steber, C. (2017). 11 subtle signs someone may be uncomfortable around you. *Bustle*. https://www.bustle.com/p/11-subtle-signs-someone-may-be-uncomfortable-around-you-7662695

Sukhia, R. (2019). Goal setting mindset: The power of autosuggestion and visualization. *Build Business Results*. https://buildbusinessresults.com/goal-setting-mindset-the-power-of-autosuggestion-and-visualization/

Sum, Y. (2004). The magic of suggestive language. *Dr. Yvonne Sum*. http://www.dryvonnesum.com/pdf/The_Magic_of_Suggestive_Language-NLP.pdf

Sweet, M. (2017). 015 - Learning frames of NLP - And how to apply them. *Mike Sweet*. https://www.mikesweet.co.uk/015-learning-frames-nlp/

The body language of confidence. (n.d.). *2 Know Myself*. https://www.2knowmyself.com/body_language/body_language_self_confidence

The definitive guide to reading microexpressions (facial expressions). (n.d.). *Science of People*. https://www.scienceofpeople.com/microexpressions/

The hypnotic power of words. (2019). *NLP Training Dubai*. https://www.nlptrainingdubai.com/the-hypnotic-power-of-words/

The power of NLP. (2018). *Glomacs*. https://glomacs.com/articles/the-power-of-nlp

Thomas, A. (2019). NLP in Relationships. *Anil Thomas*. from https://www.ttgls.in/nlp-relationships/

Tippet, G. (1994). Inside the cults of mind control. *Cult Education*. https://culteducation.com/information/8530-inside-the-cults-of-mind-control.html

Tosey, P., & Mathison, J. (1970). NLP and ethics - Outcome, ecology and integrity. *Neuro-Linguistic Programming*, 144-160. https://doi.org/10.1057/9780230248311_12

Tyrrell, I. (2018). The uses and abuses of hypnosis. *Human Givens Institute*. https://www.hgi.org.uk/resources/delve-our-extensive-library/ethics/uses-and-abuses-hypnosis

Use autosuggestion techniques to create changes faster. (n.d.). *Wise Goals*. https://www.wisegoals.com/autosuggestion-techniques.html

Waude, A. (2016). Emotion and memory: How do your emotions affect your ability to remember information and recall past memories? *Psychologist World*. https://www.psychologistworld.com/emotion/emotion-memory-psychology

Westside Toastmasters. (n.d.). The social leverage in active hand gestures. *Westside Toastmasters*. https://westsidetoastmasters.com/resources/book_of_body_language/chap2.html

What is covert hypnosis? Discover the 4 stage covert hypnosis formula. (n.d.). *Rebel Magic*. https://rebelmagic.com/covert-hypnosis/

Wilcox, D. G. (2011). NLP, mind control, and the arrogance and downfall of power. *Ezine Articles.* https://ezinearticles.com/?id=6036132&NLP,-Mind-Control,-and-the-Arrogance-and-Downfall-of-Power=

Woodley, G. (n.d.). Anchoring in sales. *Selling and Persuasion Techniques.* https://www.sellingandpersuasiontechniques.com/anchoring-in-sales.html

Wright, S., & Basu, R. (2014). Hypnotic language patterns to bypass resistance. *The NLP Company.* https://www.thenlpcompany.com/case-study/hypnotic-language-patterns-to-bypass-resistance/

Your definitive guide to neuro linguistic programming. (2017). *Inner High Living.* https://innerhighliving.com/neurolinguistic-programming-guide/

Teaching determiners in articles. (2017, August 11). *Your Dictionary.* https://education.yourdictionary.com/for-teachers/teaching-articles-and-determiners.html

Zaharia, C., Reiner, M., & Schütz, P. (2015). Evidence-based neuro linguistic psychotherapy: A meta-analysis. *Psychiatria Danubina, 27*(4), 355-363. https://www.ncbi.nlm.nih.gov/pubmed/26609647

Zhi-peng, R. (2014). Body language in different cultures. *David Publisher.* http://www.davidpublisher.com/Public/uploads/Contribute/550928be54286.pdf

www.ingramcontent.com/pod-product-compliance
Lightning Source LLC
Chambersburg PA
CBHW071153120626
46546CB00006B/2243